CHIENS DE MEUTE

Charlotte des Georges

Chiens de meute

Roman

Fayard

ISBN : 978-2-213-72731-8

Publié en accord avec l'Agence
Littéraire Rubinstein, Paris.

À ma fille Simone

All you need is love…

Prologue

Arthur sonne à sa porte.

Il est en avance. Ne pas supporter l'idée d'arriver en retard à un rendez-vous, c'est sa maladie. Bizarrerie comportementale d'autant plus folle pour un garçon élevé dans une famille où tout le monde est constamment à la bourre, et pas qu'un peu.

Aux mariages, la famille DP arrive à la fin des messes.

Les déjeuners chez la grand-mère DP ne débutent jamais avant 14 heures… On y dîne vers 22 heures…

Rien d'espagnol dans leur sang mais une aversion totale pour les horaires. Cette façon d'exprimer à travers ces sempiternels retards une quasi-supériorité. Nous les DP, on est au-dessus. Nous les DP, on fait ce qu'on veut.

Aurore lui ouvre la porte avec une feinte décontraction.

Il s'avance vers elle dans un élan brutal et l'embrasse comme on donnerait un coup de boule. Elle pratique son cousin depuis plus de quarante ans. Elle a l'habitude.

« Ça fait une heure que je poireaute en bas de chez toi en bouffant un sandwich de merde, il flotte, je me les gèle. »

Il pénètre dans son appartement, déplace beaucoup d'air, fait de grands pas, ne tient pas en place, ne sait où se mettre.

Elle lui propose un café, il accepte et se stabilise enfin à sa table de cuisine. Ses jambes sont agitées, il s'esclaffe pour un oui ou pour un non, d'un rire rabelaisien et exagéré, pour ne pas entendre le silence, pour établir le contact, pour masquer sa gêne.

Ce rire en cascade, c'est la bande-son de leur enfance, le générique de ces après-midi d'ennui dans le plat Berry qu'Arthur parvenait à métamorphoser en souvenirs inaliénables.

Il la félicite sur sa tenue : un costume en velours côtelé de couleur rouille, choix qu'Aurore pense innocent mais qui traduit avec justesse ce qui les lie : la campagne et la boue des territoires désertés du centre de la France, où il lui a appris à tout transgresser et à marcher sur la vie, comme un petit mec.

Ils vont se parler d'homme à homme.

Elle dépose une tasse de café chaude sur la table, il en saisit une autre, froide, y verse cinq cuillères à café de sucre et avale la mixture sans sourciller.

« Ton café chaud est là devant toi, tu as bu dans ma tasse. En temps de Covid, c'est moyen.

— Je m'en tape du Covid, j'en ai vu d'autres. »

Quatre comas.

Pas d'enterrement.

Pas le sien, en tout cas. Il n'a plus de dents.

À force de bruxer, il se les est entièrement limées.

Plus de palais ni d'odorat, les doigts de pied en partie paralysés : il ne peut plus danser, lui qui adorait ça, ni marcher plus de cinquante mètres sans souffrir atrocement. Il fait de la rééducation pour des problèmes d'incontinence. Quant à sa capacité de concentration, elle est comparable à celle d'un enfant de 4 ans. Arthur a 53 ans.

Tandis qu'elle détaille avec affection les contours de son corps diminué, des flashs de nostalgie lui percutent la cervelle. Une descente infernale du Cher sur des chambres à air de tracteur. Une soirée banale qu'il avait transmuée en chaos psychédélique, tel le Peter Sellers de Black Edwards dans *La Party*.

Le trajet sur une route berrichonne à ses côtés dans une 205 blanche qui avait pris les traits d'un *road movie* euphorique en Ford Mustang...

Il y a quelques mois à peine, il est miraculeusement sorti de son quatrième coma. Au service de réanimation du sous-sol de l'hôpital Lariboisière, le corps médical avait pourtant été définitif : le grand échalas ne se réveillerait pas. Convoquée à l'hôpital, sa famille proche avait dû voter à main levée : filles, père et mère s'étaient résignés à le débrancher. Sa dernière femme avait choisi l'acharnement thérapeutique, légalement elle avait le « *final cut* » – elle l'avait emporté.

À son réveil, Aurore avait proposé à Arthur de venir s'entretenir avec elle, qu'il lui raconte sa vie qu'elle connaissait par cœur dans les faits mais pas dans les méandres de son intimité et de sa pudeur maladive. À sa grande surprise, Arthur avait accepté et il avait fini par se retrouver là, devant elle, comme un enfant, ne sachant par où commencer, parlant vite et fort comme s'il avait besoin de tout dire, que ça sorte.

D'abord et tout de suite, il veut parler de l'accident. Ils n'en ont jamais parlé elle et lui. En trente-six ans, ils ne l'ont jamais abordé.

C'est un jour terrifiant. Il est terrassé par la culpabilité et elle, terrorisée à l'idée de remuer cette boue sur laquelle repose la vie d'Arthur dans un équilibre plus que précaire.

Au centre antipoison Fernand-Vidal de l'hôpital Lariboisière où il est désormais suivi, son psychiatre référent lui a fait faire un test pour évaluer sa responsabilité dans l'accident qui renversa son existence, trente-six ans auparavant. Six pour cent.

Un poids intolérable venait de quitter ses épaules, celui de la culpabilité.

« Je veux bien partager ces six pour cent avec toi », avait proposé Aurore après le diagnostic pour le soulager un peu.

Il l'avait regardée, lui avait souri en baissant les yeux, signifiant ainsi que c'était à lui et lui seul qu'incombait ce fardeau.

« Nous sommes tous responsables de ce qui est arrivé », avait conclu Aurore.

Assise face à lui, bloc-notes et stylo-plume rempli d'encre noire en main, elle scrute le visage de son presque frère avec une infinie tendresse : ses deux billes marron d'enfant qui attend des réponses, ses cils recourbés noirs et brillants, les golfes aux coins de son immense front et sa façon de passer ses mains dans ses cheveux en les plaquant en arrière comme un acteur américain brillantiné. Et puis cette voix, grave, qui se casse d'émotion souvent.

Arthur et sa cambrure de danseuse. Arthur et sa pilosité tragique, héritée d'un grand-père que l'on avait dû raser des pieds à la tête à l'aube de sa nuit de noces. Arthur et son existence de trompe-la-mort, qui l'avait toujours inquiétée et fascinée.

Flirter avec les limites et l'interdit, extirper de l'existence le paranormal et l'absurde, magnifier le présent avec ce qu'il faut d'humour, d'imagination et de fantaisie ; Arthur a transplanté en elle cette pulsion de vie qui gifle l'inertie et les convenances à la volée. Ce besoin vital d'électriser le quotidien, cette incapacité à se satisfaire du réel, ce goût immodéré pour la beauté et les apparats, son insolence et sa passion pour l'excès, il lui a transmis tout cela en intraveineuse : faire danser l'existence ou bien crever.

Elle lui doit le meilleur et le pire d'elle-même, sa part la moins adaptée au monde. Elle lui doit son appétit pour les êtres hors norme. Et elle lui doit surtout sa difficulté à prendre goût à une vie sans abîmes ni sommets.

Demeurée silencieuse, elle tente d'envelopper de sa bienveillance cet être qui, dans la vie, a tout été à la fois : surhomme, fantôme et déchet. Elle détaille son idole de jeunesse, sa star déchue, son guerrier titubant auquel elle a toujours accordé empathie et pardon.

En disséquant son grand cousin, elle réalise combien il a régné en maître sur son enfance, son adolescence, et façonné une part majeure de son existence. L'élève a dépassé le maître, mais la voix d'Arthur résonne encore dans le cerveau d'Aurore, désormais femme et mère de 45 ans.

Leçon n° 1 : se méfier des hommes, de tous les hommes, traîtres, trompeurs et laboureurs de pureté.

Leçon n° 2 : si tu n'es pas belle, aie du chien, de l'humour et du panache.

Leçon n° 3 : si tu t'ennuies, c'est que tu es ennuyeuse.

Leçon n° 4 : la provocation est la meilleure façon de créer un contact.

Leçon n° 5 : la séduction féminine est une marque de faiblesse.

Leçon n° 6 : n'aie pas peur, et surtout pas de l'espace que tu prends.

Dans la vie, dans une pièce, dans une fête, Arthur vampirisait l'espace et l'oxygène. Il devenait la pièce, il était la fête.

Son premier baiser, c'est à lui qu'elle le doit, à 13 ans, avec un jeune homme bien plus âgé qu'elle, dans un château berrichon, sur

« Blue Eyes » d'Elton John. Arthur avait validé son choix et menacé le garçon : « Un baiser, pas plus, sinon je te pète la gueule ! » Le garçon l'avait embrassée langoureusement et avait pris la fuite. Aurore avait ravalé sa première peine de cœur. Lorsque, l'été de ses 17 ans, elle avait perdu sa virginité sur une île de Ré brûlante, Arthur l'avait tout de suite noté sur son visage du lendemain, légèrement modifié : « Toi, tu as vu le loup avec ton planteur de parasols… »

Depuis lui, ses héros, ses modèles sont des hommes et elle en a fait un mantra qu'elle porte en médaillon autour de son cou : « Plus le garçon est manqué, plus la femme est réussie. »

Quand Arthur reprend le dialogue, Aurore note avec admiration qu'il se repère étonnamment bien dans les années. Ça l'impressionne, elle qui connaît mal sa chronologie. Il est capable de dire où il était en août 1992, en mars 2000, en septembre 2019, quel poste il exerçait, dans quelle société, où il passait ses vacances, avec qui il couchait. Aurore ne sait jamais.

Exception faite du 11-Septembre : elle se souvient précisément, comme beaucoup, de ce qu'elle faisait lorsque les tours sont tombées. Le lobby d'un studio de doublage, où le grand écran allumé sur une chaîne de télévision diffusait les images de l'inconcevable. Scotchés devant, des visages choqués, pantois, incrédules, qui avaient dû les regarder mille fois pour se faire à l'idée de cette nouvelle et fracassante réalité.

Arthur, quant à lui, avait quitté Paris avec femme et enfants, craignant d'autres attentats. Il ne se ferait jamais voler sa mort, il en déciderait.

Aurore se souvient aussi de ce tournage dans un hôpital de la banlieue parisienne, le jour de l'attentat de *Charlie Hebdo*. Techniciens et acteurs, yeux rivés sur les écrans de leurs smartphones, visages défaits, tentaient de comprendre et voulaient tout savoir. La minute de silence décrétée par le réalisateur avant le plan suivant. La coupure déjeuner qui avait suivi. Personne n'avait rien avalé.

Contrairement à Arthur, Aurore est incapable de dater les moments cruciaux de son existence, mais elle se souvient avec clarté de la torpeur qui régnait en ce matin du 13 novembre dans le XIe arrondissement de Paris, une atmosphère de veille de cataclysme. Les traits des deux visages menaçants et inquisiteurs qui avaient arrêté son regard dans le café où elle s'était installée en face du Bistrot du Peintre restent vivaces dans son esprit. Aujourd'hui, elle s'interroge : comment avait-elle pu prévoir, sentir par tous les pores de sa peau, que cette journée ne réservait rien de bon ?

Le soir, seule dans sa voiture, en route vers un anniversaire rue du Temple où elle rechignait à se rendre, on l'avait appelée pour lui dire de rentrer chez elle. Ça canardait. Pétrifiée dans sa Lancia 1L3 « Spéciale » de 1976, garée en face de la boîte à bac où elle avait atterri en première à République, elle avait écouté les sirènes entêtantes des flics, des urgences et des pompiers, dont le vacarme ininterrompu se métamorphosait en une danse macabre. Elle avait fini par démarrer, tétanisée, et avait traversé la ville avec la sensation de laisser quelque chose derrière elle. Elle ne savait pas encore quoi ni qui.

Sur Facebook, son ami d'enfance Pierre Innocenti avait posté plus tôt la photo de son billet de concert pour les Eagles Of Death Metal et restait introuvable. Son téléphone sonnait dans le vide. Aurore avait peu dormi cette nuit-là.

Les jours suivants, l'attente et l'inquiétude du pire avaient laissé place aux RIP sur les réseaux sociaux. RIP sur les murs Facebook et les grids Instagram.

La photo de Pierre dans les journaux.

Des fleurs déposées devant son restaurant à Neuilly.

Un monde de nécrologies partout.

De tout cela, elle se souvient avec sûreté.

Contrairement à Arthur, seule la tragédie parvient à cristalliser quelque chose de précis en elle. Elle est fabriquée comme ça depuis toujours. Un odorat aiguisé pour le drame. Un corps qui renifle, sent et prédit les séismes. Cette sensation aiguë de la catastrophe qui arrive à bas bruit avec son lot d'injustices et d'obscénités coule dans ses veines et lui colle à la peau.

Aurore fixe Arthur et s'interroge : pourquoi est-elle encore entière et pas lui ? Pourquoi ne lui est-il jamais rien arrivé d'irréversible à elle qui a pris tous les risques, enchaîné accidents, fréquentations diaboliques et consommation de produits illicites ? Au-dessus du précipice, une petite lumière s'allumait dans son cortex avec « Attention, danger » écrit en grosses lettres rouges. Et, tel un toréador, elle exécutait un pas de côté. Arthur, lui, se jetait dans le vide du plus haut des plongeoirs, dans un saut de l'ange magnifique et désespéré, adressant un cri de défi au ciel et aux autres : je survivrai. À l'impossible, à l'innommable et à mon destin tragique, je survivrai. Ayant côtoyé la mort depuis son plus jeune âge, il l'apprivoisait sans crainte, enchaînant les allers-retours entre la vie et le néant. Ainsi il existait, ainsi il respirait.

Elle pensait avoir fait venir Arthur pour écrire sur lui et c'est sur eux que le boomerang de ses pensées et de sa plume commence à revenir sans cesse, comme s'ils étaient deux êtres liés à jamais par le sang et le drame d'un milieu qui les a vus grandir sans les regarder.

1.

Neuilly-sur-Seine

Aurore et Pierre Innocenti étaient des petits-bourgeois de Neuilly. À la sortie du collège, ils se faisaient courser par des jeunes types de la Défense, Asnières, Courbevoie, Puteaux… Ils en voulaient à leurs doudounes, à leurs Weston d'occasion chinées aux puces, à leurs vies gâtées, à leurs vacances aux sports d'hiver, à leurs cours de tennis et à leurs yeux qui avaient déjà beaucoup trop voyagé.

Ils se terraient dans des halls d'immeubles, tremblants, le souffle coupé, attendant parfois jusqu'à la nuit tombée pour ressortir, par crainte de se faire dépouiller. Lorsque Pierre serait tué au Bataclan, Aurore penserait naïvement qu'il l'avait sans doute été par ces mêmes gosses, devenus grands, que la rancœur n'aurait jamais quittés.

Chacun sa culpabilité de classe ; c'était la sienne.

Tandis que ces mômes enviaient le confort apparent de sa vie, Aurore enviait secrètement leurs familles enveloppantes et la chaleur qui se dégageait de leurs mères orientales. Elle enviait à vrai dire toutes les familles à l'exception de la sienne.

Elle chérissait les vendredis de sabbat chez Alexandra Smadja, dont les parents la surnommaient « château de Goy », et admirait l'ingéniosité de leur placard qui se transformait en lit dans le salon. Elle enviait la famille nombreuse de Charly Salifou avec ses six frères et sœurs qui venaient tous sans exception à ses anniversaires, vêtus de boubous colorés, et tenaient chacun à repartir avec l'un de ses jouets. La mère d'Aurore les récupérait in extremis sur le pas de la porte en riant.

Croyant aux vertus de leur milieu d'origine, les parents d'Arthur l'avaient inscrit dans une école privée catholique du 17e arrondissement de Paris.

« Un cadre ! Il leur faut un cadre et de bonnes fréquentations ! »

Le paternel d'Aurore pensait à peu près tout le contraire.

« Les établissements privés pour gosses de riches ne sont que des fabriques de bons à rien ! »

Fervent défenseur des vertus de l'école républicaine et laïque, il avait scolarisé sa fille au collège public de Neuilly, où la présence d'enfants issus des banlieues alentour donnait l'illusion de la diversité.

Au cours d'un déménagement, Aurore tomberait sur les médailles qui attestaient de ses talents sportifs de l'époque. Plaque d'argent en judo, en escrime, en athlétisme ; elle, l'éternelle seconde, ne possédait qu'une médaille d'or à son tableau. Ces distinctions font désormais office de monnaie d'échange quand elle joue à la marchande avec sa fille de 3 ans. En observant ce losange d'or frappé d'un coq français encadré par des anneaux olympiques entre les petits doigts de son enfant, Aurore repense à sa camarade Raïssa, la seule Noire de l'école de Neuilly depuis que Charly Salifou avait quitté le 92 pour Bobigny. Raïssa, souriante et vivante, Raïssa, la malice dans l'œil, de longues cannes sur lesquelles étaient perchées de merveilleuses fesses callipyges que soulignait un survêtement gris. Avant l'arrivée de Raïssa dans son établissement, Aurore avait été la meilleure de l'école en endurance. Scrutant la médaille, son esprit reverrait les dix kilomètres qui les avaient opposées trente-sept ans auparavant.

Le départ donné, Raïssa avait décollé telle une flèche, à la Usain Bolt. Cinquante mètres derrière, Aurore suivait difficilement mais elle tenait, la régularité lui donnerait raison pensait-elle, tandis que la bave coulait de ses lèvres tel un pur-sang surmené à la fin d'une course.

Raïssa se fatigue, Aurore la dépasse et reprend de l'avance, ça y est, elle est sûre de son fait, elle va la gagner cette putain de course ! Ensuite elle sera tenniswoman. Entraînée à Puteaux par Boris Becker et Ion Țiriac, ils forment pour elle de grandes espérances. Dopé à l'endorphine, son cerveau s'emballe en apercevant la ligne d'arrivée. Raïssa arrive à sa gauche, la devance, Aurore tire sur ses jambes, la déborde de nouveau et, dans un effort surhumain, Raïssa franchit la ligne d'arrivée en même temps qu'Aurore, mais juste avant, elle l'a vue, elle a gagné.

Elle a gagné mais c'est Aurore que l'on félicite, elle dit non, en reprenant son souffle. Raïssa la regarde, des larmes dans les yeux, elle sait, elles savent toutes les deux que c'est elle qui a gagné. Aurore le dit, le crie mais personne ne l'écoute. On lui remet la médaille d'or, à Raïssa l'argent, parce que personne ici n'a envie de la voir triompher. Comme Surya Bonaly lors des championnats du monde de Chiba en 1994, qui se contenterait de la deuxième place sur le podium. Aurore voudrait prendre sa médaille et la passer autour du cou de Raïssa, elle a 11 ans, elle ne le fait pas, elle laisse les adultes décider pour elle.

Inscrite au catéchisme en mémoire de sa mère qui croyait en Dieu, Aurore devait faire sa profession de foi et, le lendemain de ce simulacre de course, il y avait confesse. Tout le monde y racontait n'importe quoi mais Aurore, l'au-delà et toutes ces conneries, ça lui foutait les jetons. Elle avait pénétré tremblante dans un de ces parloirs dont le bois empestait l'encaustique.

« Mon père. L'autre jour, c'est Raïssa qui a gagné la course, ce n'est pas moi, et je sais que c'est parce qu'elle est noire que personne ne lui a donné la médaille d'or. »

Le prêtre avait grommelé une espèce de « *Mmmm...* », suivi d'un : « Vous me direz deux "Je vous salue Marie" et trois "Notre Père". » Et c'était terminé.

Voilà comment se soldait le racisme en 1985 à Neuilly-sur-Seine.

Considérée comme la joueuse la plus prometteuse de son club de tennis, à 13 ans, Aurore perdrait tous ses matchs, aucune force mentale, aucun sens de la gagne, aucune solidité psychologique. Du talent plein les mains guidé par un cerveau qui manquerait toujours cruellement d'assurance et de légitimité. Dans son milieu, tout ce qui lui avait été dit de l'existence, c'était qu'il fallait réussir. En sous-texte, Aurore n'entendait, même s'ils n'étaient jamais prononcés, que les mots « utile » et « argent ».

L'identité sexuelle d'Aurore était alors si trouble qu'il fallait attendre l'appel pour savoir à quel genre elle appartenait. Hormis les Weston d'occasion auxquelles elle aurait droit pour ses 13 ans, son père l'habillait sans soin, des vêtements de supermarchés ou de chez JJ Gold, l'unique boutique de Dun-sur-Auron, Berry, Centre. Fan absolue de Jean-Jacques Goldman, la patronne y vendait des chemises d'agriculteurs, des pantalons en velours côtelé, des bottes et des chapeaux texans pour les hommes. Pour le sexe faible, blouses fleuries et chandails brodés de paillettes ou de perles qu'Aurore voyait sur le dos des femmes du village victimes d'attentats capillaires : carré court rouge pétaradant à reflets violets.

Son père avait l'achat pratique. De retour de week-end dans la maison de famille, il s'arrêtait chez JJ Gold, y achetait ce qui était à la taille d'Aurore, puis attrapait la bretelle d'autoroute direction Neuilly.

À l'école, Aurore faisait tache au milieu des élèves vêtus en marques de la tête aux pieds : Compagnie de Californie, Chevignon, Best Compagnie, Vans… Leur regard aiguisé repérait les accoutrements de province et les copies Prisunic qu'Aurore portait, et qui faisaient d'elle une paria pour les élèves populaires du lycée. Et tandis qu'elle se liait d'amitié avec les fils de concierge, les enfants de gardiens d'hôpitaux, les fils de vieux et les rares enfants de couleur, ses yeux étaient aimantés par l'autre moitié de la population de l'établissement pour laquelle elle demeurait un mal nécessaire.

Chez les populaires, elle convoitait Valentine, blonde platine à la poitrine gigantesque, bonnet E, posée sur un corps d'adolescente en pente douce vers l'anorexie. Assise au volant de sa Cadillac rose, cigarette au bec, sa mère l'attendait devant le bahut pour l'emmener passer des castings. À 18 ans, Valentine deviendrait la jeune fille la plus célèbre de France, pour sa voix et sa carrosserie.

Présente exclusivement les jeudis matin en cours d'histoire, Aurore s'interrogeait sur la vie de Mélodie Pasquier, déposée en Ferrari rouge devant l'établissement par un jeune homme de dix ans de plus qu'elle. Elle arrivait en robe du soir, sortant de boîte de nuit. Du rimmel dégoulinait de ses grands yeux bleus Adjani.

Dans la cour de récréation, Aurore détaillait avec envie les panoplies de Johanne, Charlize et Prune : jeans 501 moulants, bottes de motard, tee-shirts hérités de la soirée Lost Angels – In Love and Ecstasy, l'événement rave électro des 90's du Vertigo Club, Downtown Los Angeles. Sur le cuir de leurs perfectos tombaient en cascade leurs cheveux blondis par leurs dernières vacances à Saint-Barth ou Megève.

Les jeudis, vendredis et samedis soir, les motardes du 92 couraient aux soirées organisées par André Bénichou au Studio A, Paris VIIIe où la jeunesse dorée se jaugeait et se trémoussait sur les riffs de guitare de « Sympathy for the Devil » des Rolling Stones en sirotant des vodkas orange à la paille : « *Pleased to meet you, hope you guess my name.* » Au petit matin, André ramenait Johanne dans son 4 × 4 aux vitres fumées tandis que les bikeuses de Neuilly rentraient à dos de Yamaha Chappy ou de Custom Harley Davidson Honda deux temps.

Consciente de son invisibilité, pour se faire aimer et en être, Aurore s'était mise à pratiquer une insolence de haut vol. Mélodie Pasquier s'était entichée d'elle et tandis qu'Aurore lui transmettait les cours auxquels la jolie cancre n'assistait pas, l'autre lui prodiguait des conseils de régime, la relookait, la coiffait, la féminisait. En six mois, Aurore était passée de garçon manqué à pute. Adoubée par les bikeuses, elle entrait elle aussi au Studio A. Ça y est, elle en était. Concomitamment passée de 17 de moyenne à blâme conduite-blâme travail, l'année suivante, son père l'avait inscrite manu militari en boîte à bac à République, ligne Balard-Créteil. Horaires : 8 heures-18 heures, samedis et dimanches compris. Elle ne voyait plus la couleur du ciel.

L'année du bac, Mélodie l'y avait rejointe, suivie de près par les bikeuses.

Son permis fraîchement décroché, à 18 ans, Mélodie faisait désormais la voiture-balai à la sortie de l'école et des boîtes de nuit dans sa Mercedes diesel couleur or que son père lui avait léguée pour s'offrir un coupé Chrysler qu'il conduisait capote ouverte été comme hiver. Son embonpoint l'empêchait de s'introduire sereinement dans son nouveau jouet, qui ressemblait à un gadget Barbie.

Élevée depuis ses 11 ans comme une poule de luxe par des parents qui n'attendaient rien d'autre de leur progéniture qu'un bon mariage, Mélodie errait de bras en bras, d'écoles de mode en écoles de théâtre, de mecs blindés en mecs célèbres. Plus de boussole excepté celle du luxe, de l'argent et de la vie facile. Le mensonge et la trahison étaient devenus son lot quotidien.

À 40 ans bien tassés, Mélodie élèverait seule deux enfants que leur géniteur, déjà marié avec une autre, ne reconnaîtrait pas. Sur son mur Facebook, elle partagerait des portraits d'elle, percluse de bleus. La légende dirait: « Je ne passerai pas l'hiver. » L'été suivant, ce serait son fils qu'elle dirait atteint d'une maladie incurable. Quant au père de ses enfants, elle le donnerait pour mort, ce qui s'avèrerait, comme tout le reste, inexact.

Mythomane, elle l'était depuis l'adolescence, quand elle faisait signer des chèques en blanc à son père, abattu par une énième gueule de bois, qui pensait parapher son carnet de correspondance. Mythomane, elle l'était demeurée, mais son imagination l'emmenait dorénavant sur des territoires plus lugubres que fantasques. Mythomane, elle le resterait avec ce qu'il lui fallait d'alcool, de drogue et de médicaments pour s'offrir des passerelles d'inconscience et de repos.

Aurore reçoit encore par intermittence des messages audio de Mélodie sur son répondeur, un flot de paroles inintelligibles, des histoires de procès, de gardes du corps de Nicolas Sarkozy, des histoires à dormir debout dont s'échappent quelques phrases qui disent sa solitude et son regret d'avoir brisé leur amitié.

Une entente à l'image de la fable du scorpion et de la grenouille nécessite constance, fidélité, abnégation. Mélodie aimait sa grenouille d'Aurore mais ne pouvait s'empêcher de la mordre à vif. Pour survivre, Aurore avait dû s'en éloigner, et elle assistait, impuissante, à coups de smartphones, de ragots et de réseaux sociaux, à la mort du petit cheval.

Des gosses de riches gâchés auxquels on avait donné les codes et l'opulence d'un milieu mais pas ses valeurs, Aurore n'avait croisé que cela dans cet établissement de Neuilly. Des enfants gâtés qui possédaient tout en apparence mais ne recevaient pas le minimum : un cadre et l'attention de leurs parents. Et puisqu'ils n'auraient jamais la dalle, où puiseraient-ils la force et le désir de devenir quelqu'un ?

Dans ce milieu, devenir ou rester riche était considéré comme un talent ; ne pas savoir tenir son rang, une tare. Ne pas sombrer dans la classe moyenne était le projet d'une vie. Et, dans les conversations des adultes, Aurore percevait une hiérarchie : bons à rien / gosses prometteurs. Démerdards / mous. Gentils / ambitieux. Les femmes, pas tellement voix au chapitre. Jolies, gentilles, bien élevées, de bonne famille… Pour mener un ménage, c'étaient les qualités requises.

Dans l'esprit de chacun, à l'intérieur du terme « bourgeois » figurait par essence le mot « bonheur ». Et puisque la précarité semblait l'unique calamité digne d'empathie, être issue de la bourgeoisie reviendrait dans la vie d'Aurore à n'inspirer aucune pitié. Aurore ne faisait ni envie ni pitié, et dans le qualificatif « bourgeoise » dont elle serait désormais toujours affublée, Aurore n'entendait pour l'heure que le mot « personne ».

2.

La mort, première

Arthur et son petit frère Anatole étaient présents ce jour de septembre 1984 où il faisait une chaleur de pute dans un plat Berry sans accident géographique majeur.

Le père d'Adèle et Aurore était arrivé dans sa 504 bordeaux métallisé, il avait descendu l'allée en graviers de la maison de sa mère où ses deux filles passaient la fin des vacances d'été. Il s'était garé devant la grande porte en bois verte du garage, il était descendu de sa voiture comme dans un ralenti d'une de ces publicités des années 1980 : « Ça, c'est l'effet Impulse. »

Son corps était lourd comme celui d'un porteur de tragédie.

Assise sur une de ces grosses pierres qui entouraient le massif de fleurs et la pelouse de ses grands-parents, Aurore l'observait de loin, du coin de l'œil… Elle venait d'avoir 7 ans.

Sa grande sœur errait dans le jardin, pas loin et guettait cette arrivée glaçante. En temps normal, elles lui auraient sauté dans les bras, mais là… Ça faisait des jours que les adultes chuchotaient dès qu'elles pénétraient dans une pièce, des jours qu'on leur interdisait de répondre au téléphone, des jours qu'Aurore faisait littéralement tout ce qu'elle voulait : dormir habillée, manger des bonbons au coucher, mettre ses coudes sur la table, lécher ses doigts. Des jours qu'elle était un petit roi.

Son père s'était dirigé vers les trois marches en béton qui menaient au verger, il leur avait fait signe de venir le rejoindre. Adèle, Arthur, Anatole et Aurore s'étaient assis autour de lui. Il bafouillait, pleurait, s'étranglait. Une série d'onomatopées engluées de larmes se déversaient de sa bouche jusqu'à ce qu'Aurore identifie deux mots, comme dans un télégramme :

« Maman… Morte… Votre maman est morte. »

STOP… STOP… STOP.

Les rouges-gorges avaient cessé de chanter, les coqs de la ferme d'à côté s'étaient tus, les branches des lilas fleuris s'étaient figées. Les lilas, fleurs préférées de sa mère. Aurore n'entendait plus que le vol d'un gros bourdon repu, trop occupé à butiner le cœur d'un dahlia rouge pour satisfaire son insatiable gourmandise.

Les dahlias sont des chrysanthèmes.

Aurore ne se souvient pas d'avoir pleuré, le chagrin de son père avait pris toute la place.

Arthur et Aurore évoquent très vite cette journée, et ce pour la première fois de leur vie. Il dit s'en souvenir parfaitement. Il parle de leurs cris, de leurs pleurs, de leur douleur.

« Cette douleur qui sortait de vous… cette douleur. »

Les yeux d'Arthur rougissent, il se lève d'un bond pour partir, il ne veut pas qu'Aurore le voie pleurer. Elle le retient. Il reste.

Aurore lui demande s'il se souvient de sa mère.

« Oui. Je me souviens de quelqu'un qui dormait tout le temps, qui dormait trop. »

Un cliché en témoigne. Un instantané où Aurore et Adèle errent en pyjama autour d'un grand lit dans lequel une forme est affalée, amorphe. Cette forme, c'est leur mère.

Elle avait un anévrisme qu'il fallait surveiller, on devait la lever quand elle sombrait dans la somnolence, la faire marcher et manger, elle qui avait adopté le régime des trois P : Porto, Peter Stuyvesant, Pommes.

Tandis qu'elle divaguait, allongée dans la chambre de la chapelle du château bourguignon familial, un de ces jours d'apathie où il lui était impossible de quitter le lit, sa mère à elle avait préféré partir jouer au bridge plutôt que de la veiller. À son retour, son unique fille avait cessé de respirer. Chronique d'une mort annoncée.

La châtelaine avait attrapé son téléphone à cadran de bakélite grise, composé le numéro de son gendre – Littré 55 79 – et prononcé de sa voix de harpie, sans un bonjour sans un « je suis désolée », sans rien, sans emballage…

« Allô ! Henri ? Elle est morte. »

Puis elle avait raccroché. Son gendre l'avait rappelée.

« Mais enfin, qu'est-ce que c'est que cette histoire ? Qu'est-ce que vous racontez ? »

Pour toute réponse, il avait eu droit à la même sentence.

« Elle est morte. »

Il avait roulé toute la nuit pour se rendre au chevet de sa femme. Le surlendemain, il était là, devant ses deux enfants, impuissant, terrassé par le chagrin et la culpabilité. Il avait 42 ans, il était veuf avec deux filles de 7 et 10 ans à élever. Il était jeune, il était beau, il était seul au monde.

La mélodie et les paroles de la Chanson d'Hélène dans *Les Choses de la vie* de Claude Sautet traduisent avec justesse le chagrin qui s'était abattu sur leurs existences : « Il va falloir changer de mémoire. »

La vie d'Aurore commence là. Avant ce jour brûlant de septembre, elle ne se souvient de rien ou presque.

La dernière vision qu'elle a de sa mère, c'est cet air détaché qu'elle arborait le jour de l'élection de « Mitrand », comme on le nommait dans son milieu. Dans le petit appartement de Courbevoie où vivait l'oncle Daniel, en route vers l'alcoolisme depuis qu'il était devenu commercial chez Cinzano, les adultes scrutaient le poste de télévision en se rongeant les ongles. Comme sur une vieille photo délavée par le temps, certains visages ont disparu de la mémoire d'Aurore mais la voix de son oncle y résonne encore, s'adressant mal et fort à son Espagnole d'épouse qui avait entrepris de faire des réserves de farine et de sucre en vue du passage de la gauche.

Aurore se souvient aussi du silence assourdissant de son père dont le mutisme était souvent proportionnel à la panique. Au milieu de ces mines déconfites, elle peut recomposer avec fidélité cet instantané imprimé à jamais dans son cortex : le visage placide et moqueur de sa mère, fumant avec désinvolture des Peter Stuyvesant rouges, confortablement installée dans un fauteuil design des années 1980, son verre de porto à la main.

À l'extrémité de ses longues jambes croisées, des sandales en cuir à petits talons bordeaux laissent entrevoir des pieds en forme de serres dont les orteils recroquevillés sont couverts d'oignons et d'ampoules.

Aurore, qui avait hérité des mêmes arpions, se demandait comment avancer dans l'existence avec de tels fondements, des pieds cambrés qui n'adhèrent pas et n'ont de contact avec le sol qu'en de très rares endroits, sur les extérieurs de la voûte. Des pieds qui ne tolèrent aucun soulier fermé sans souffrir, des pieds qui ne portent rien avec sûreté. Des pieds qui ne peuvent trouver de stabilité que dans une vie qui tangue et valse comme eux, en déséquilibre.

À cette époque, son milieu tremblait devant l'arrivée de la gauche au pouvoir. Pour eux, « Mitrand » rimait avec crise, impôts, fin des privilèges, mais lesquels ? Daniel buvait tout son salaire, sa femme était aide-soignante, la mère d'Aurore ne travaillait que très peu : commerce d'encens, de tissus, de parfums venus de Colombie façon réunions Tupperware. Le père d'Aurore était salarié au Crédit lyonnais. Craindre la gauche, ce n'était ni fondé ni pragmatique, juste culturel car elle était pour eux synonyme de communistes, les duchesses de l'archiduchesse de la gauche. Des communistes, il s'avérerait qu'il n'y en aurait que deux au sein du gouvernement « Mitrand/Mauroy » et, contre toute attente, les années qui suivirent seraient pour eux des plus prospères.

En grandissant au contact de relations plus « arty », Aurore sentirait combien cette date du 10 mai 1981 la différenciait d'elles. Le 10 mai 1981 était à leurs yeux un jour de fête, l'avènement d'une nouvelle ère chantée par Barbara. Pour Aurore, le 10 mai, c'étaient les mines déconfites de sa famille devant le visage de François Mitterrand apparu sur l'écran de télévision, les têtes plongées dans les mains – et le dernier vestige de sa mère, cet être à part, cette originale à particule qui n'avait conservé de son milieu que la façon de se tenir à table.

Parce que les médicaments, parce que la déprime, une autopsie avait été réalisée sur le corps de Rose. Le résultat avait été glaçant : « Femme de 42 ans en grande carence alimentaire. » Elle ne s'était pas suicidée, elle avait perdu le goût de vivre et elle s'était laissée mourir, mourir de faim.

Son enterrement avait eu lieu au château de sa mère, en Bourgogne, celui des Paons.

Dès leur arrivée, leur baronne de grand-mère maternelle avait saisi Adèle et Aurore par le bras, elle les avait tirées à travers un dédale de salons, petits salons, salons de lecture, fumoirs remplis de fauteuils, repose-pieds, secrétaires et bibelots qui font le charme des domaines où la perte de place est le maître-mot. Quand Aurore visite un appartement désormais et que l'agent immobilier dit « sans aucune perte de place », elle tique. C'est sa préférence, les pièces sans destination.

La baronne avait ouvert la porte de la chapelle et les deux orphelines y avaient découvert des inconnus détaillant le corps inanimé de leur mère, couchée dans son cercueil, vêtue de sa longue robe en soie verte, achetée au Liban, qu'elles aimaient toucher et respirer. Leur oncle Daniel et sa fille unique scrutaient sa dépouille comme on observerait une momie au musée, comme on disséquerait un tableau, un hiéroglyphe, une chose intéressante, mais sans charge affective. C'était leur maman que ces gens épluchaient du regard en chuchotant.

La baronne avait brisé le silence : « Regardez ce que votre père a fait ! »

Henri avait surgi de nulle part et les avait sorties de là en la traitant de folle.

Les deux fillettes étaient retournées dans l'assemblée, minuscules et perdues au milieu de cette forêt de jambes d'adultes vêtus de jupes et de pantalons en velours ou en flanelle qui faisaient cocktail, buvaient du vin et mangeaient des canapés. Personne ne les regardait, personne ne prêtait attention à elles, personne n'avait un geste. La nounou faisait ce qu'elle pouvait au milieu de cette violence à chevalières et cols blancs qui embaumait le parfum, la poudre et le ranci. Pour elles désormais, la mort aurait l'odeur des pains surprises et du mauvais vin.

Soudain, des éclats de voix, une main qui agrippe le col de la veste de leur père et tente de lui péter la gueule en le traitant d'assassin. Bertrand : un des frères de leur mère, le plus méchant des cinq ou le plus fou. Une bataille de saloon avait éclaté sous les dorures du château brinquebalant. Ça aurait pu sembler shakespearien mais il n'y avait ni guerre à mener, ni terres à conquérir, ni rois à désigner, juste une famille à particule qui ne savait que faire de son héritage et de son chagrin.

Ils s'étaient aimés pourtant. Un prospectus retrouvé dans les affaires de leur mère en témoigne. L'aîné des cinq frères, dit Clebs pour son obéissance maladive, vendait du matériel de camping. À l'intérieur du dépliant, qui vante les mérites de la marque Carlet, figurent des photos prises dans une nature luxuriante bordant un immense lac bleu. C'est les années 1970 et toute la famille prend la pose. Bien roulée dans un maillot de bain deux-pièces blanc, la femme de Clebs se dore au soleil tandis que son beau-frère fait mine de gérer le barbecue. Sur un autre instantané, Rose est assise sur une chaise pliante devant une tente à rayures bleues et jaunes, vêtue d'un deux-pièces noir, les cheveux enturbannés dans un foulard. Costumé façon XVIIIe, en collants et livrée, son frère Gerald tient un plateau de rafraîchissements. En arrière-plan, sur les hauteurs, un château en ruine surplombe le paysage.

Sous la photo, la légende dit : « La Bourse est en baisse, madame, mais Carlet est en hausse. »

Que s'était-il passé pour que la haine et la rancœur effacent la complicité qui les unissait ? Que s'était-il produit entre ces photos et les obsèques de leur mère, à l'intérieur de cette église bourguignonne où Aurore et sa sœur n'avaient pu pénétrer ? Leurs corps d'enfants s'y refusaient. Leurs têtes voulaient mais leurs jambes reculaient, tétanisées par ce qui se tramait là-dedans : le morbide, les orgues, l'encens, les grands, le prêtre dans sa robe de princesse et tout ce langage qui ne leur était pas adressé.

Elles apprendraient bien plus tard que leur grand-père paternel était venu à l'enterrement de sa belle-fille en hélicoptère. Il en était reparti aussitôt la cérémonie terminée pour retrouver sa maîtresse. Elles ne se souvenaient pas de sa présence.

Fou amoureux d'une autre, le père d'Aurore et Adèle avait quitté leur mère et toute la famille de Rose lui en voulait de cette trahison. Il était pour eux le seul et unique responsable de sa mort. Ils avaient sans doute oublié l'accident qu'elle avait subi quelques années auparavant et dont le caractère turbulent d'Aurore était assurément la cause. Sa mère conduisait, elle se chamaillait à l'arrière avec sa cousine préférée et, n'y tenant plus, Rose avait retiré sa ceinture pour lui flanquer une claque. La voiture était partie dans le décor et Rose avait traversé le pare-brise, son visage scalpé par la vitre et le gazon des plates-bandes.

Un seul scanner dans tout l'Hexagone à l'époque : Rose n'avait jamais su d'où venaient ses étourdissements.

Les bourgeoises de l'époque disparues trop tôt se voyaient souvent affublées du même constat de décès : rupture d'anévrisme. Alcoolique, tabagique et dépressive : rupture d'anévrisme. Opiomane reconvertie dans le « pousse-café » et les médicaments : rupture d'anévrisme. Pour ne pas dire apathie, dégoût de l'existence et de soi-même, fatigue de vivre, tristesse abyssale, immense solitude ou vertigineuse déprime, on disait « rupture d'anévrisme ». Tout comme on dit « mort des suites d'une longue maladie » pour ne pas dire « cancer » ou « disparition soudaine » pour ne pas dire « suicide ». Charge aux enfants de recoller plus tard les morceaux de ce puzzle mortifère.

La chirurgie esthétique était peu commune en 1978, si bien qu'à la suite de son accident Rose arborait une paupière tombante et deux longues cicatrices aux coins du front comme Albator. Des cheveux courts et une frange entouraient désormais son visage balafré. Du statut de très belle femme aux longs cheveux noirs de jais, elle était passée à celui de femme défigurée, abîmée, fatiguée, déprimée. D'un seul coup, elle avait eu l'apparence d'une femme de 60 ans à la peau brûlée. Et son mari, en pleine force de l'âge, avait fini par la tromper avec une autre, plus fraîche, plus vaillante, forte d'un appétit intacte pour la vie.

Depuis, lorsque Aurore prend le volant de sa voiture, sa petite fille assise à l'arrière, son corps se raidit, ses mains deviennent moites. À la moindre goutte de pluie, au moindre signe d'impatience de son enfant, Aurore est parcourue d'attaques de panique et de tremblements ; des picotements envahissent son corps de la tête aux pieds et elle ne rêve que d'une chose : s'arrêter, descendre, prendre le train et abandonner ce cercueil roulant.

Voilà sans doute pourquoi son cerveau et sa capacité à se souvenir ne se figent désormais que lorsqu'un drame surgit. Tout le reste sombre dans l'oubli et les limbes. Tout le reste glisse. Quelqu'un qui trouvait que les marques du temps n'avaient pas de prise sur elle lui avait dit un jour, pensant lui faire plaisir : « Le temps glisse sur toi. » Elle est anesthésiée depuis ses 7 ans. Les années filent sans repères ni frontières, une vie comme un grand tout, une existence qui peine à saisir les points d'accroche, de rupture, d'achoppement, une fuite en avant. Elle est cette éternelle enfant, assise sur sa pierre, qui va faire sa rentrée des classes en CE2 et ne reverra plus jamais sa maman l'attendre avec un goûter à la sortie de l'école.

Le jour de la rentrée des classes, la maîtresse avait ouvert une petite enveloppe remise par

Henri avec une carte de visite glissée à l'intérieur, noircie de cette écriture en pattes de mouche qu'Aurore ne connaissait que trop bien pour avoir appris à l'imiter : « Aurore a perdu sa maman cet été. »

La maîtresse avait levé la tête : « C'est qui, Aurore ? »

Ses camarades s'étaient tournés vers elle, gênée, honteuse, parce que le chagrin lui donnait envie de se cacher. Parce que ne plus avoir de mère à 7 ans était une honte. Parce que sa douleur avait comme une odeur, un parfum de différence qui l'éloignait désormais des autres enfants. Une odeur qui l'avait fait passer en un été de 7 à 77 ans.

Mme Cerisier, grand manteau, grandes bottes, sévère mais juste. Mme Josiane Brisset, maîtresse de CM1 de sa sœur Adèle, sa démarche de férue de varappe. Deux noms, deux visages inscrits à jamais dans leurs mémoires.

Quarante ans plus tard, assise dans un restaurant de Neuilly, Adèle apercevrait une silhouette familière passer sur le trottoir. Elle se lèverait d'un bond, abandonnerait son conjoint à la table et sortirait en courant du restaurant pour rattraper l'inconnue.

« Excusez-moi. Vous êtes madame Brisset ?

— Oh ! Adèle ? Comment allez-vous ? Et votre sœur… Aurore, c'est bien ça ?

— Vous vous souvenez ?

— Il y a des enfants que l'on n'oublie jamais.

— Vous êtes toujours à l'école des garçons ?

— Je fête mon départ à la retraite dans deux semaines. Venez, ça me fera plaisir.

— Je viendrai. On viendra. Et Mme Cerisier ?

— À la retraite depuis longtemps.

— Je voulais vous dire… Vous avez été précieuse pour moi. »

Mme Brisset lui avait saisi la main, l'œil brillant.

« Portez-vous bien, Adèle. Mes amitiés à votre père et à votre sœur. »

Adèle avait immédiatement appelé sa petite sœur pour lui relater la scène. Elles auraient tant aimé fêter le départ de Mme Brisset mais la perspective de retrouver cette cour de l'école des garçons, avec ses marronniers aux troncs entourés de grilles de fer, son mur où elles jouaient à la balle en mousse, son préau qui faisait office de cantine, les avait effrayées. Elles n'avaient pas le courage de se replonger dans ces années où leurs existences avaient basculé, pas le courage de replonger dans cette photo de classe où Aurore, cheveux bouclés comme un buis, chemise d'homme à carreaux de chez JJ Gold boutonnée jusqu'au menton, rigole avec ses dents du bonheur à côté de sa sœur Adèle, petit chemisier blanc à manches courtes et col rond en dentelle. Des barrettes de chaque côté de son visage retiennent ses longs cheveux lisses et bruns. Elle regarde l'objectif de ses yeux bridés comme si elle allait s'écrouler de fatigue. Elle est pâle. Leurs bras sont croisés sur un livre ouvert. Derrière elles, des visages de camarades qui se détachent : Barberine, Alexis, Naomi… Sur le mur du fond de la salle de classe, une vieille tapisserie sombre est accrochée.

Sur toutes les photos prises après le décès de sa mère, Aurore garde les poings serrés : un soldat minuscule, tête haute, corps raidi, surtout ne pas pleurer de peur de ne jamais s'arrêter. Elle a établi une armée à l'intérieur de sa poitrine : à l'avant, les boucliers ; en deuxième ligne, les archers et leurs flèches empoisonnées ; disséminés un peu partout en hauteur, les guetteurs et tireurs d'élite. Sa tristesse s'est transformée en une colère adressée au monde entier. Quant à Adèle, elle a retourné son glaive contre elle-même, juste là, dans le plexus solaire.

On lui avait relaté cette phrase dont Aurore ne se souvient pas : « Ma sœur avait mon père, j'avais ma mère, maintenant je n'ai plus personne. » Alors Adèle s'était occupée d'Aurore et de son père, fontaine de tristesse. Elle était devenue la maîtresse de maison ; elle n'avait pas 10 ans.

Aurore n'avait jamais tellement saisi ce que la bourgeoisie trafiquait avec ses sentiments. Son père avait été élevé à la dure, par des parents et des grands-parents rescapés de la guerre, puis il y avait eu 1968 et, une dizaine d'années après, elles étaient nées à leur tour. Elles, la génération X. Leurs parents avaient reproduit l'éducation dénuée d'affect qu'ils avaient reçue et ils les avaient laissées pousser comme des champignons, sans buts ni ambitions, sans destinée. Le temps venu, elles seraient bien assez contentes de vivre dans un pays en paix, d'avoir un emploi, une famille, des enfants mais surtout pas de rêves, de passions ni d'idéaux, et pour quoi faire ? Des vagues ? Pas de ça chez eux.

Leurs baby-boomers de parents, embourgeoisés par le fric facile des nineties, détenaient la palme d'or du divorce. Une mode, un fléau. Tous les couples volaient en éclats. Le père d'Henri avait pourtant mené, sous ses yeux attristés, une double vie obscène. Dans les années 1960, Henri avait pu observer, adolescent, le bal des maîtresses de son paternel sur le port de Saint-Tropez où ils passaient leurs vacances en famille.

À l'aube du déclin de son père, il lui avait même été confié la lourde tâche d'emmener sa maîtresse attitrée au chevet du patriarche agonisant.

Le jour des obsèques de son père, Henri avait aperçu l'inconnue, âme isolée, suivant vingt mètres derrière, tête baissée, le cortège familial qui accompagnait la dépouille de son amour secret jusqu'au cimetière. La silhouette fantomatique sanglotait, seule, sur des années de clandestinité amoureuse.

Henri avait vu sa propre mère cornue jusqu'aux étoiles. Et pourtant, c'était un éternel recommencement. Les fils des infidèles trompaient leurs femmes à leur tour, avec des secrétaires, des copines de passage ou de grands amours naissants, ils divorçaient, se remariaient, une fois, deux fois, trois fois, jusqu'au ridicule.

Certains se soulageaient avec une assistante dans leur voiture de société, garée au milieu des bolides rutilants dans les parkings des beaux quartiers parisiens. Puis ils rentraient au bercail se servir un scotch. Un oncle était allé jusqu'à se faire vasectomiser pour éviter l'accident, et avait fait congeler son sperme en cas de revirement. Une vie dans laquelle on veut tout, car tout leur appartenait : l'argent, le pouvoir, les femmes et leurs enfants.

À la fin, ce ne seraient pas des vagues qui les frapperaient, ce seraient des tsunamis. Ça n'épargne personne, les tsunamis. Ni les aristos, ni les petits-bourgeois de Neuilly, ni les gosses de riches, ni les enfants pourris gâtés, ni ceux qui sont nés avec une cuillère en argent dans la bouche – tous ces qualificatifs dont Aurore, Adèle, Arthur et Anatole se verraient affubler toute leur existence.

Les Kennedy du pauvre, voilà ce qu'ils étaient, une saga cynique et morbide qui sacrifierait ses enfants sur l'autel de la réussite et de l'impudence. Tandis que les adultes s'entretuaient, que les mères souffraient d'abandon et de trahisons diverses, les enfants commençaient leur longue descente vers l'échec scolaire. Arthur et Adèle souffraient de dyslexie, Anatole et Aurore de douance non détectée. Et tous les quatre manquaient cruellement d'amour, de dialogue et de la présence de leurs parents.

La lettre d'une éducatrice, retrouvée dans un vieux dossier d'Henri quarante ans plus tard, ferait frémir Adèle.

« Enfant en très grande souffrance. Dyslexique, dysorthographique, triste et seule. À encadrer de toute urgence. »

Il n'en avait rien fait. Le papier retrouvé, il l'avait apporté à Adèle, désormais âgée de 45 ans. Elle l'avait parcouru et avait regardé son père, mille larmes dans leurs deux paires d'yeux.

Henri avait bredouillé : « Je suis désolé. »

Tandis que les mères pleuraient sur leur sort, les pères se grisaient de réussite. Ils prenaient des hélicos comme on prend le train. Pour se faire un nom, ils ne feraient pas la guerre comme leurs pères l'avaient faite avant eux, pour eux, non, ils feraient du fric, de la maille, de l'oseille. Ils massacreraient le littoral français à coups de constructions indignes, ils bosseraient pour L'Oréal, les assurances, la grande distribution, ils seraient tous des Bernard Tapie. Et, à leur progéniture, que resterait-il à part le fantôme de leur fortune écrasante, une planète pourrie et des crises économiques à répétition ? Il leur resterait des idéaux et l'envie absolue de faire autrement.

« Il faut être lesté pour avancer dans la vie, dit Delphine Horvilleur. C'est un des enseignements de la religion juive. La légèreté voyage mal. »

Aurore, Adèle, Arthur et Anatole l'apprendraient à leurs dépens.

3.
Mai 86

Leur mère étant décédée en septembre 1982, à la fin de leurs études, Aurore et Adèle avaient continué à penser la vie en années scolaires. Pour elles, désormais, une année ne commençait pas en janvier mais en septembre et ne s'achevait pas en décembre mais fin juin. Les 31 décembre ne clôturaient rien. Les 1er janvier n'apportaient aucune promesse de renouvellement. Au réveillon, elles ne célébraient pas frénétiquement la perspective du renouveau mais l'exploit d'avoir tenu jusque-là. Un flegme et une fatigue insondables les envahissaient le jour de l'An à l'idée qu'il faille encore tout recommencer. Prisonnières d'une vie qu'elles ne maîtrisaient pas, anéanties par la peur de faire et celle de ne pas faire, elles peinaient à respirer. Ça leur était devenu encore plus difficile depuis cette date qui avait, elle aussi, contribué à rendre toutes les autres insignifiantes : mai 1986.

Inversé, ça aurait fait mai 68, elles auraient préféré.

C'ést écrit au Bic, sur le dos d'une photo de leur petit cousin chéri, Anatole, prise à La Beach. La Beach, ce n'était pas Miami mais une plage en gravier autour d'un étang berrichon verdâtre où ne survivaient que des poissons-chats et des ragondins. L'été, les bords de l'étang étaient truffés de nœuds de vipères.

C'était les vacances de Pâques au centre de l'Hexagone, entre Dun-sur-Auron et Châteauroux. Les petits Parisiens de La Beach séjournaient chez leurs grands-parents ou dans les résidences secondaires de leurs parents. Des liens de parenté les unissaient parfois, ils étaient cousins, cousins germains, cousins issus de germains, cousins à la mode de Bretagne…

Et puis, il y avait les gars du coin, ceux qui vivaient dans ce trou à l'année. José Diaz et ses cheveux bruns frisés en « mulet » qui dépassaient de son casque intégral bariolé tandis que son porte-clefs en queue de lapin virevoltait à sa ceinture lorsqu'il traversait le village de Bussy à mobylette. Pour frimer devant la bande de La Beach, il avait « mis de l'avance » à son pot d'échappement pour que « sa meule a gagne en vitesse ». Son 103 à guidon Z barre torsadé avait surtout gagné en décibels, on l'entendait pétarader à des kilomètres.

Au-dessus de cette plage du pauvre trônait le château de Bussy, style Louis XIII, où séjournaient, le temps des congés scolaires, les enfants des copains des parents devenus, par la force des choses, les leurs.

Sur cette photo, autour d'Anatole il y a sûrement Joseph, dit Jo, le plus fidèle et le plus âgé des enfants du château, le seul d'entre eux à habiter toute l'année à la Charretterie, les communs de la propriété. Vient ensuite Lucky, garçon surnommé ainsi pour sa chance insolente ; on appelait sa petite sœur La Meule à cause de ses joues dodues comme des miches de pain. Leur petit frère, on l'avait baptisé Brise-Fer pour sa capacité hors normes à tout flinguer. Leur cousine germaine, dite Manouche, avait un penchant immodéré pour les vauriens. Au milieu de sa jolie figure percée de grands yeux bleu acier, une tache de vin qu'elle conserverait toute sa vie comme un talisman. Quant à son petit frère Lulu, il était à l'époque aussi beau qu'effacé. Autour d'Anatole il y a aussi sûrement Adèle, dite Oum, comme le dauphin blanc de la série qui répond toujours à l'appel, et puis Dominique, Manu, Timothée, dit Tim et son petit con de frère Tito, qui menaçait tous ses cousins de cafter si on ne l'emmenait pas faire le mur.

Tim et Tito étaient orphelins de père comme Adèle et Aurore de mère. Leur père était parti à la chasse à tir un matin, seul, il n'en était jamais revenu. Il avait été retrouvé dans le parc du château de Bussy, sans vie. Sous la peau, une balle perdue, une balle voulue, personne ne l'avait jamais su.

À La Beach, quand ils avaient atteint le paroxysme de l'ennui, les chiens fous organisaient des courses à la bière. Ça consistait à faire le tour de l'étang en buvant des pintes tout en essayant de marcher droit. La nuit, c'était bananes flambées, chamallows grillés et « opérations carottes humides ». Les garçons criaient « Opération carottes humides » et se jetaient sur les filles pour leur peloter les nichons et le reste. Elles hurlaient, faisaient mine de ne pas vouloir alors qu'elles adoraient ça, surtout Dominique. Avant que Lucky n'essaie de l'attraper, elle hurlait : « Arrête ! Arrête ! J'enlève mes boucles d'oreilles. » Elle se mettait bien à l'aise.

La petite sœur de Dominique était grosse, son visage, enterré sous l'acné, était dominé par un regard d'une tristesse intenable, mais elle était forte à l'école. Et contrairement au reste de la bande, Aurore la trouvait sympa. Parce qu'elle avait comme elle des traits disgracieux, une touffe de cheveux indomptable qui lui valait le surnom de Tête de Loup. Leurs vieux les bassinaient toute la sainte journée, les conjurant d'être gentils avec elle, qu'elle avait de bonnes bases, qu'un jour elle serait jolie, mais ils savaient tous très bien que c'était faux. Elle serait grosse, laide et seule comme sa tante qui vivait entourée de ses chiens à quelques kilomètres de là, isolée, sans enfants et sans amour parce que son frère, le mâle, l'aîné, lui avait tout pris, ses ambitions et l'amour de ses parents.

Arthur était le leader de cette bande de chiens fous, l'alpha de la meute. C'est lui qui avait les idées, lui qui décidait, lui qui adoubait, rejetait, personne ne pénétrait la meute sans son accord. C'était le boute-en-train, celui que l'on admire et que l'on craint : beau, indomptable, d'une énergie frénétique et d'une fureur de vivre sans limites. Il aimait les filles, la vitesse, la chasse, le cross, sa grand-mère, le lait concentré sucré et, par-dessus tout, l'interdit. Il était comme le fruit talé d'une corbeille qui corrompt tous les autres à son contact.

Timide et réservé, son petit frère Anatole, lui, ne sautait pas sur les filles pendant les « opérations carotte humide ». Quant à Aurore, on ne la touchait pas, elle était la plus jeune de la bande et elle ressemblait à un petit mec. Les commerçants l'accueillaient immanquablement d'un « Bonjour, jeune homme ».

De la bande des chiens fous qui entourent Anatole sur ce cliché pris à La Beach, Lulu, Adèle et Aurore s'en sont en apparence le mieux sortis. Aurore n'en tire aucune gloire mais le principe même de la bande l'a, depuis ces années-là, toujours effrayée. Tout le monde y avait son rôle et devait s'y tenir. Impossible d'en sortir. La bande, c'est la mort de l'individu. Dès lors, l'idée même de « groupe » avait annoncé pour elle et à jamais une ineffable déchirure.

Sur la photo, Anatole porte un polo rose à manches courtes, une copie Ralph Lauren. À défaut de joueur de polo, un golfeur est brodé sur la poitrine. Il a les cheveux blonds hirsutes, observe les peaux de ses ongles rongés et s'apprête à les mordiller, on saisit mal son regard.

À dix bornes du château il y avait La Motte, la maison achetée par Raoul, le grand-père d'Adèle, Aurore, Arthur et Anatole. Veuve depuis deux ans, leur grand-mère les y accueillait durant les vacances scolaires. Elle arborait une coiffure jamais vue excepté à la couronne d'Angleterre. Un savant mélange de filets et d'épingles tenait sa longue chevelure blonde qu'elle remontait en rouleaux autour de sa tête.

Puis, elle poudrait à l'excès sa capilliculture et son visage, et rehaussait ses pommettes plâtrées de deux grosses touches de rose à joue. Un long nez aquilin gouttant été comme hiver achevait cette figure antédiluvienne qui lui valait le doux surnom de Louis XVI.

À trois cents mètres de là, Raoul avait aussi acheté Le Diable Vauvert, qu'il avait donné à sa fille aînée, Catherine, la mère d'Arthur et Anatole. Entre La Motte et Le Diable Vauvert se trouvaient les Bonnot, derniers fermiers encore présents dans cette Beauce où l'on cultivait céréales, tournesols et colza à grand renfort de pesticides. Leur fils unique, Miguel, se trouvait irrésistible quand, vêtu de sa combinaison de motard, il faisait crisser les pneus de sa moto YZ dans les chemins de labour.

Une centaine de mètres après Le Diable Vauvert en direction de La Beach, c'était le hameau de Villeneuve, où vivaient, dans une maison Bouygues, les Quéau, Patrick et sa ravissante sœur Mireille, dite Mireille-les-Toasts. En virée, à 4 heures du matin, lorsque la faim la prenait, elle avait une marotte : faire griller des toasts. Grandes créoles en or aux oreilles, pulls en laine trop grands laissant apparaître des épaules dorées, sciées par les bretelles de ses soutiens-gorge bonnet C, elle avait l'air tout droit sortie d'une publicité pour Mir laine. Parfumée d'un élixir de grande surface, les ongles peints, Mireille était à croquer.

Des années plus tard, Arthur confierait à Aurore qu'il avait perdu sa virginité avec Mireille-les-Toasts. Il en gardait un souvenir très mitigé, gêné qu'il était de tant puer des pieds.

José, Patrick, Miguel et Mireille disaient « des fois », « le frère à », « au boucher », ils avaient des bergers allemands, des chiens de garde, pas des chiens de chasse. Pour la plupart issus de l'immigration portugaise, leurs parents étaient maçons, couvreurs, plombiers. Leur accent était un doux mélange de portugais et de berrichon, le « portuchon ». Ça roule les *r*, c'est chantant, c'est fleuri, c'est ravissant le « portuchon ».

Pour les petits Parisiens en villégiature dans ce trou de province, ces fréquentations, c'était la liberté, l'ailleurs, un pied de nez aux carcans de leur éducation. Pour les gars du coin, c'était pittoresque et réjouissant d'être traité d'égal à égal, de faire partie de la bande des chiens fous.

Les « chiens fous » jouaient à « touche-pipi » les uns avec les autres comme leurs parents avant eux. Ils exploraient leurs anatomies entre cousins-cousines, entre cousines du même sexe, l'autre n'était pas toujours d'accord... L'une d'elles, ravie de la crèche, forçait sa petite sœur à lui toucher le minou. Et quand la petite faisait popo sous elle parce qu'elle avait des problèmes de tous ordres consécutifs à ces abus, elle lui hurlait dessus : « Tu pues la merde ! » et elle courait en informer tous les copains pour en faire la risée du groupe : « Regardez ! Elle s'est chiée dessus. »

Non contente d'abuser d'elle, elle l'humiliait dès que ça lui était possible en restant blonde, de bonne famille et première sur les bancs de l'église…

Ils étaient plus d'une quinzaine, à dix kilomètres les uns des autres, des têtes brûlées, sans limites, qui avaient de la connerie à revendre. Les Bonnot en avaient fait les frais. Enfants, Aurore et Anatole s'étaient mis en tête de boire le lait à même le pis des vaches comme dans *Heidi*. L'idée était jolie, mais un coup de sabot avait manqué de les défigurer à vie. En grandissant, c'étaient des pétards qu'ils balançaient sur les bagnoles et dans le poulailler des Bonnot pour faire sauter poules, coqs, canards, oies et pintades comme dans les BD. La nuit, ils jouaient à Tom Sawyer sur les toits des maisons. L'été, ils allumaient des feux. Enfants pyromanes, ils passaient des après-midi entiers à lancer des allumettes dans les talus grillés par le soleil qui jouxtaient la ferme des Bonnot. Jusqu'à ce jour d'août 1983 où les flammes s'étaient mises à galoper à une vitesse vertigineuse vers le hangar des fermiers, où le foin était stocké pour les bêtes.

La grange flambait sous leurs yeux d'enfants terrorisés. Ils avaient couru au Diable Vauvert, composé le 18 sur le téléphone à cadran pour appeler les pompiers et s'étaient cachés sous la table en bois de la salle à manger, tels des pestiférés. Moins de dix minutes s'étaient écoulées que tous les pompiers du département arrivaient sur place, sirènes hurlantes, tandis que les pyromanes demeuraient sous la table, morts de peur et de honte. Ils avaient fait se déplacer toutes les casernes du département…

Mortifiés, ils étaient mortifiés.

Les Bonnot n'avaient pas porté plainte. Peut-être aurait-il mieux valu. Les parents avaient dû faire des chèques. Anatole avait pris des coups de ceinture de son paternel, des claques de sa mère, et Aurore avait reçu une lettre de son père, glaciale, dans laquelle il lui écrivait combien il était déçu. Son châtiment serait le suivant : Aurore passerait le restant des vacances chez tante Didi, une vieille dame vivant seule avec ses chiens dans une maison XIXe sinistre à quinze kilomètres de là. L'hiver, Didi chassait à courre. L'été, elle surveillait ses trois fils qui faisaient les moissons au rythme de vingt-cinq pastis par jour. Ses poils au menton piquaient les joues d'Aurore lorsqu'elle l'embrassait.

De ce séjour, Aurore conserverait, dans sa chair, le plus grand sentiment d'ennui de toute sa vie. La vacuité serait désormais pour elle comme le chagrin, un sentiment qui se cristallise en elle à la manière d'un tatouage, une empreinte indélébile, presque un vertige.

Elle sentait, elle savait déjà, que l'on ne peut bâtir une éducation sur l'humiliation et le dégoût de soi. Dégoût d'avoir mis le feu au hangar des Bonnot, dégoût d'avoir blessé le jardinier de La Brosse avec lequel leur grand-mère, Louis XVI, entretenait des rapports passionnels.

« Barca travaille soit mal soit pas assez, les salades sont immondes, le verger dépérit, mes plates-bandes ne donnent rien.

— Et en plus il détruit nos cabanes, mamie !

— Oh ! Quelle rosse ! »

Barca n'avait pas d'enfants, il détestait les chiens fous, qui le lui rendaient bien. La destruction de la cabane de trop avait sonné la guerre. L'escalade de la violence.

Un jour d'automne 1985, où Barca finissait de ratisser les feuilles mortes du gravier de La Brosse, les petits enfants de Louis XVI étaient montés dans les arbres, tels des chimpanzés en rut, pour secouer les branches de toutes leurs forces et faire tomber des centaines de nouvelles feuilles, contraignant Barca à tout recommencer. Ensuite, Anatole, qui avait la particularité d'avoir un transit sur commande, avait été mandaté pour déféquer dans un pot de peinture vide. Assis à califourchon au-dessus du pot, il poussait sous les encouragements des chiens fous.

« Vas-y, mon vieux ! Fais-en un beau !

— Je fais ce que je peux !

— Pousse encore ! On le voit ! Il arrive ! Pousse, je te dis ! »

L'étron tombé dans le fond du pot, les gosses avaient écrit un mot sur du papier-toilette : « votre salère ». Faute d'orthographe comprise.

Puis Adèle, Arthur, Anatole et Aurore s'étaient approchés de Barca avec des sourires machiavéliques et lui avaient tendu son cadeau : « Tenez, Barca, c'est votre paye. »

L'odeur l'avait fait bondir et il s'était mis à les courser, râteau à la main pour le leur planter où je pense. Louis XVI, qui assistait à ce cirque de derrière la fenêtre de son salon, était sortie sur le perron.

« Mais enfin, Barca, qu'est-ce qui vous prend ?

— Ce qui me prrrrrend, madame ! Voilà ce qui me prrrrend ! »

Barca s'était avancé vers elle avec le pot de peinture et le mot. En un instant, elle avait tout compris et un « Oh ! » outré était sorti de sa bouche. Elle en avait informé les parents des chiens fous, qui avaient été sommés de présenter leurs excuses au jardinier.

Les uns derrière les autres, en file indienne, ils s'étaient plantés devant Barca, têtes baissées, sous le regard furibard de leurs géniteurs, qui se demandaient quel genre d'énergumènes ils avaient mis au monde. Aurore regardait le pantalon en jean bleu pattes d'éléphant et les baskets blanches, pointure 47, que son père portait ce jour-là. Elle avait tellement honte qu'elle n'avait pu lever les yeux du sol. Lorsque son tour était arrivé, elle avait chuchoté timidement :

« Je m'excuse, Barca.

— On ne s'excuse pas, on demande pardon, avait dit son père.

— Pardon, Barca.

— Plus fort !

— Pardon, Barca ! » avait-elle crié, tandis que des larmes ruisselaient de ses yeux.

Elle se sentait comme la merde déposée au fond du pot de peinture.

La merde, c'était tout son sujet. Impossible de faire la grosse commission ailleurs que dehors. La merde, c'était la déchéance, la flétrissure, et elle se cachait dans les bois pour faire. Il y en avait plein le jardin de sa grand-mère, de ces étrons gigantesques et affreux qui sortaient de son ventre et qui ressemblaient à l'image qu'elle avait d'elle-même et de son existence : dégoûtantes. Si sa mère avait préféré partir plutôt que se battre pour survivre, c'était la preuve irréfutable qu'elle était un être déplaisant.

Pour couronner le tout, Arthur lui faisait ingurgiter à son insu des croquettes pour chiens recouvertes de chocolat. C'était le baptême des chiens fous. Pour faire partie de la meute, il fallait avoir renoncé à l'estime de soi.

L'été, quand les courses de vélo devenaient le passe-temps favori des gens de province, les chiens fous déposaient des troncs d'arbres, des clous, de la terre et des pierres sur la route pour faire chuter les cyclistes. Ils tiraient le tuyau d'arrosage jusqu'au bitume et, dès que les coureurs passaient, ils les aspergeaient d'eau glacée. Avec la vitesse, ça leur fouettait le visage et les cuisses. Leurs victimes hurlaient, pestaient, certaines tombaient, se déchiraient la peau sur le bitume jonché d'obstacles coupants tandis que les chiens fous couraient se cacher en riant.

Aucune notion du danger. Des voyous de campagne, livrés à eux-mêmes, sans surveillance, sans soin et sans discussion, prêts à aller très loin pour se faire remarquer. Bien sûr, ils étaient logés, nourris et, sans aucun doute, aimés. Mais personne ne s'intéressait à eux. Ils n'étaient que des enfants, ils n'étaient personne.

La découvrant sans limites, Henri éloignait désormais Aurore des chiens fous dès que c'était possible. Elle enchaînait les stages de poney shetland en Normandie où elle apprenait à monter de dos, à l'envers, au galop à travers de longues prairies vertes comme si elles avaient été coloriées. Elle dormait au-dessus des animaux, s'occupait des montures : curetage des sabots, pansage du poil, graissage des selles, nettoyage des brides, des mors, du box, excréments compris, nourriture, eau, elle les bichonnait et son père payait pour cela. Une colonie de vacances gagnant-gagnant.

Lors de ces vacances de mai 86 dans le Berry, Miguel, le fils des Bonnot, avait eu un coup de foudre pour la meilleure amie d'Adèle, Ida, ravissante Franco-Danoise à la bouche pulpeuse et aux yeux de biche qui passait ses vacances à La Motte. Le pauvre Miguel, de l'acné plein le visage – pas de Roaccutane à la ferme –, lunettes culs de bouteille à la place des verres, était peu envisageable pour une pépette du 92.

Au Diable Vauvert, Anatole s'emmerdait ferme avec sa mère shootée aux tranquillisants depuis son divorce, si bien qu'une nuit le trio de têtes brûlées était parti à La Beach retrouver les copains du château histoire de regarder les étoiles et de s'embrasser pour la première fois. Anatole était incollable sur les étoiles, Adèle et Ida, nulles en planètes : pas fichues de reconnaître la Grande Ourse, la Petite Ourse, la Cuillère ni la Grande Casserole.

Au petit matin, Louis XVI s'était aperçue de leur absence. Vêtue de sa robe de chambre et de ses mules, son éternel filet sur la tête pour remonter ses cheveux blonds qui lui descendaient jusqu'aux fesses, elle avait pris le volant de sa Visa rouge au plafond piqué d'épingles à nourrice d'où pendaient des médaillons à l'effigie de Marie. Dans les portières brinquebalaient des gourdes en forme de Saintes Vierges, remplies d'eau bénite en provenance directe de Lourdes. Contrairement aux apparences, elle n'était pas bigote mais croyante.

Manœuvrer concomitamment le frein, le frein à main, l'embrayage et l'accélérateur lui était fastidieux et, la tête sous le volant, elle s'était lancée dans un laborieux démarrage en côte. Son nez tout comme celui de sa Visa s'était élancé d'un coup sec dans un nuage de poussière digne d'un Paris-Dakar et elle avait calé à mi-parcours. L'air empestait l'essence tandis qu'elle multipliait les tentatives pour parvenir au portail, où elle avait pilé et calé à nouveau. Puis elle avait redémarré, surveillant sa droite, sa gauche, fait patiner l'embrayage. Enfin, elle avait lâché le frein à main, braqué et fini par s'élancer sur la route à fond, en première.

« Ah ! Ce maudit démarrage en côte ! » beuglait-elle au volant de sa Citroën.

Observant, amusé, sa grand-mère en « galouze », Anatole avait pris les devants :

« Ne vous inquiétez pas, les filles, je m'en occupe. »

Il était parti comme une balle sur son vélo-cross rouge et avait dérapé devant le capot de Louis XVI.

« Ben, mamie, qu'est-ce que vous faites là ? »

Arrêtée net, elle avait de nouveau calé et s'était mise à hurler derrière la vitre de sa portière.

« Comment ça, qu'est-ce que je fais là ? »

Réalisant que sa fenêtre était fermée et qu'elle aboyait dans le néant, Louis XVI avait ouvert péniblement sa vitre à la manivelle :

« Et vous ? Vous avez vu l'heure ?!

— Ben, on voulait voir le lever du soleil.

— C'est ça ! Et moi je suis la reine d'Angleterre ?! Vous rentrez tout de suite. J'appelle vos parents. Quant à vous, Ida, aujourd'hui vous allez manger ! »

Elle avait opéré un demi-tour dans un chemin de terre, manquant de s'embourber, puis elle était repartie en marche arrière, pestant, calant, freinant. Louis XVI conduisait à peu près aussi mal qu'elle cuisinait.

Au déjeuner suivant, dans une ambiance plombée, Ida s'était vue contrainte d'ingurgiter des tranches de rôti de bœuf froides, cuites façon semelles de bottes, des pommes de terre brûlées sur le poêle, de la salade du jardin qui crissait sous les dents à force d'être mal lavée et du camembert Le Petit sous le regard inquisiteur de Louis XVI, la pire cuisinière que la terre eût portée mais la meilleure des grands-mères. Elle était leur passion.

Depuis qu'Adèle et Aurore avaient perdu leur mère et que les parents d'Arthur et Anatole s'étaient séparés, elle leur tenait lieu de maman de remplacement, elle leur apprenait les noms des fleurs et des oiseaux. Elle leur donnait des carrés de chocolat avant d'aller dormir et laissait sur leurs joues de grosses traces de rouge à lèvres fuchsia tant elle les embrassait avec tendresse. Elle les appelait tous « mon trésor ». Et, bien entendu, ne disait rien à leurs parents. Les années passant, elle s'était rangée du côté des enfants comme si elle se trouvait plus d'affinités avec eux qu'avec le monde des adultes.

Les enfants gardaient peu de souvenirs de leur grand-père Raoul, mort deux ans auparavant, hormis le fait qu'il était intimidant et dépensier. Les grandes poches de ses pantalons beiges en velours côtelé étaient toujours déformées par une quantité astronomique de pièces de 10 francs qui faisaient un bruit de clochettes quand il se déplaçait. Il ne savait pas payer ses achats autrement qu'en cassant un billet de 500 francs. Le tout roulait et glissait entre les coussins du canapé jaune discutable du salon de La Motte, quand il en extirpait sa lourde stature de 1,90 mètre perchée au-dessus de paquebots sur mesure, pointure 50.

Sur la cheminée du salon de La Motte, il y avait cette photo dont Aurore se souvient parfaitement. Raoul y tient la main d'Adèle, qui lui arrive avec peine aux genoux. Elle est vêtue sans soin, en pagaille, comme l'étaient les enfants dans ces années-là. Les parents avaient sans doute souffert eux-mêmes du port de l'uniforme à l'école, du cheveu bien peigné, du carcan vestimentaire qui leur avait été imposé, puis il y avait eu 68 et ç'avait été le culte de la débraille. Un collant foncé trop grand pour elle tombe en accordéon sur ses petites cannes recouvertes d'une jupe hippie en jean mal repassée. Un pull en laine bariolé jaune, orange, marron lui donne un teint de navet. Aux pieds, elle porte des sandales au cuir élimé par les jeux de billes et les heures passées à disséquer les insectes qui habitent les massifs de fleurs de Louis XVI, aux goûts floraux discutables eux aussi : soucis, tulipes, dahlias, des fleurs sans poésie, des fleurs qui paraissent en plastique, des fleurs qui n'ont de réjouissant que la couleur. Être janséniste jusqu'aux plates-bandes.

Raoul porte de grandes lunettes fumées en écaille ovales à la Onassis, dont les branches tiennent sur ses oreilles gigantesques aux lobes aussi disproportionnés que ses pieds. Des sourcils broussailleux, une énorme bouche pulpeuse et un nez spectaculaire viennent achever ce visage aux yeux de chien triste. C'est la seule et unique photo qui traduit un peu de tendresse et de douceur dans les liens qui unissaient ce grand-père à ses petits-enfants. Il n'était pas méchant, juste imposant et d'un abord indifférent.

Cette photo est rassurante, elle dit ce vers quoi il souhaitait tendre et qui ne lui était pas naturel. Elle dit ce qu'il aurait souhaité réparer de ses rapports avec ses propres enfants, durs, sans affect, cassants. Il avait brisé le petit dernier, mal marié sa fille aînée et tout exigé du père d'Aurore et Adèle, le fils aîné, le fils prodige.

Sur cette photo qui avait dû être prise après un déjeuner tardif à La Brosse, il a sans doute dans l'estomac un immense éclair au chocolat gobé d'un seul bloc. Ses petits-enfants attendaient avec impatience la fin des repas pour assister à cet aveu spectaculaire de gourmandise qui rendait leur grand-père plus humain.

Issu d'une famille ruinée, Raoul était devenu militaire. Il avait été aviateur en Espagne durant la Seconde Guerre mondiale. Après-guerre, il avait fait Sciences Po en candidat libre puis enchaîné les petits boulots. Enfin, il était devenu promoteur immobilier, riche à la force du poignet. C'était un ogre qui avait tout absorbé : femmes, enfants, maîtresses et une partie du littoral français. Sur cette photo, l'ogre met un genou en terre, sa carapace s'étiole au contact de la main vulnérable qu'il serre, bouleversé par son innocence, sa pureté et sa fierté de se voir immortalisée aux côtés du patriarche gargantuesque.

Anatole était son petit préféré. Il se lovait contre son grand-père et, dès que Raoul se levait du canapé, il plongeait la main entre les coussins et remplissait les poches de son bermuda d'une petite fortune. Arthur faisait main basse sur le butin, tel un maquereau avec sa putain, et dépensait tout en matériel de pêche au bazar de Dun-sur-Auron. Anatole, lui, s'en foutait pas mal de la pêche.

Désormais veuve, outre l'aide spartiate d'une femme de ménage qui faisait son entrée le matin, de très bonne heure, Louis XVI administrait seule ce troupeau intenable. Les enfants émergeaient au son de la voix de crécelle de Mme Bailly, les narines taquinées par l'odeur du tapioca qui embaumait toute la maison d'un parfum de lait chaud sucré. Mme Bailly avait tous les attributs d'une perroquete : cheveux teints en rouge, ombre à paupières verte, rouge à lèvres violet, pulls en mohair qui piquaient les yeux, jeans façon *Grease* moulant son entrejambe et ses cannes de flamant rose. Elle arrivait, perchée sur des talons aiguilles de dix centimètres, qu'elle abandonnait pour des mules rose fluo en fausse fourrure plus adaptées à ses activités ménagères.

De sa voix haut perchée, elle caquetait sans répit, se répandant sur sa fille Graziella et son fils Judicaël qui lui donnaient bien du fil à retordre.

Mme Bailly était une lève-très-tôt hyperactive. Louis XVI, une lève-très-tard d'une lenteur désastreuse. Ces deux rythmes cohabitaient mal et les deux femmes passaient leurs vies à se crêper le chignon. Difficile pour Mme Bailly de nettoyer les chambres alors que, si on laissait faire, tout le monde était encore au lit à midi, que la patronne prenait son bain à 11 heures et que personne ne déjeunait jamais avant 14 heures...Le soir, même tarif: impossible pour Louis XVI de dîner avant 22 heures pour des raisons essentiellement gastriques.

Comme tous les gens atteints de constipation chronique, le passage à table se faisait au rythme de sa prise de suppositoire et elle mettait systématiquement son cône avant le dîner. Pas question, dans ces conditions, de passer à table ni même de sortir avant... évacuation. Durant toute leur vie maritale, Raoul l'avait attendue. Lassé de poireauter, il finissait par descendre dans le jardin de La Brosse en hurlant à tue-tête qu'elle se dépêche. Cela n'avait aucun effet. Il démarrait la voiture. Toujours pas de Louis XVI en vue... Il entamait des tours de pelouse, menaçant de partir. Rien n'y faisait. Alors il se mettait à klaxonner comme un fou: personne. Pour finir, il sortait en maugréant: « Lilou ! »

C'était le sobriquet qu'il lui avait donné, diminutif de son prénom Lucie.

« Nom de Dieu de bordel de merde, ce n'est pas bientôt fini, oui ?! »

Louis XVI apparaissait à la fenêtre, l'air embarrassé, désignant son arrière-train pour lui signifier que non. Il était littéralement hors de question de partir maintenant.

Ils arrivaient à tous les dîners vers 21 h 30… Le soir, elle mettait une bonne heure et demie à se coucher. D'abord les cheveux puis la toilette et enfin la lecture de sa page d'anglais… Lilou parlait un anglais littéraire que les Anglais eux-mêmes peinaient à saisir. Raoul attendait patiemment qu'elle ait fini tout son frichti, allongé dans un lit de 1,65 mètre de long alors qu'il mesurait 1,90 mètre. À La Brosse, il avait fini par obtenir gain de cause et avait imposé deux lits distincts pour avoir la paix et dormir les pieds au chaud.

Au restaurant, même combat. Elle entrait, posait son manteau, déposait soigneusement ses petites affaires, allait au petit coin se laver les mains et remettre du rouge à lèvres tant et si bien que, quand elle arrivait à table, Raoul avait déjà englouti une partie de son entrée. Puis, elle prenait soin de lire la carte, toute la carte, toutes les lignes, tous les prix, et se lançait dans une série de questions.

« Je vais prendre une côte de veau avec des frites. Elle est comment votre côte de veau ?

— C'est du veau, madame, elle est bonne.

— Et vos frites, elles sont comment, vos frites ? »

Raoul pestait d'impatience.

« Mais enfin, Lilou, ne sois pas stupide ! Ce sont des frites, voyons, dépêche-toi !

— Oh ! Mais laisse-moi tranquille ! » répliquait-elle en se drapant dans sa dignité.

Puis elle reprenait.

« Et il y a de la crème sur votre côte de veau ?

— Oui, madame.

— Et des champignons ?

— Oui, madame, il y a de la crème et des champignons.

— Alors je vais prendre un tournedos. Il est comment, votre tournedos ? »

Et ça durait comme ça des heures…

Qu'à cela ne tienne : Mme Bailly avait pris le pouvoir à La Brosse depuis la disparition de Raoul et, à 8 heures pétantes, elle attrapait son aspirateur, montait dans les étages et faisait des va-et-vient en tapant brutalement dans les portes des chambres pour faire sortir les chiens fous de leurs lits. Barca enchaînait avec la tondeuse, la débroussailleuse et la tronçonneuse, si bien qu'autour de 9 heure, il était impossible de trouver un endroit de repli. Les gosses de La Motte finissaient par descendre sur les bords du Cher, d'un pas alourdi par le tapioca et le manque de sommeil, pour y fumer des lianes.

Ils ne jouaient ni à cache-cache ni à un, deux, trois, soleil ; ils jouaient à la chasse à courre. L'un d'eux était désigné pour faire le chevreuil et les autres, après lui avoir laissé un peu d'avance, s'élançaient à ses trousses en hurlant comme une meute de bêtes affamées : « Taïaut, taïaut ! »

Ils restituaient tout, les cors de chasse qui sonnaient l'hallali, les cris du piqueur – « Oucouta à tête là, écoute, écoute, écoute... » –, les hennissements des chevaux, ils s'y croyaient.

Quand les chiens trouvaient enfin leur proie haletante, terrée derrière un buisson, ils se jetaient dessus. Ils étendaient l'enfant-chevreuil au sol, face contre terre, tel un repris de justice, et organisaient la curée. Ils lui coupaient une mèche de cheveux qu'ils offraient à la plus jeune fille de la bande. C'étaient les honneurs. C'était la tradition.

De loin leur parvenaient les cris de leur grand-mère qui s'égosillait pour le déjeuner. Il était 14 heures, ils hurlaient dans les bois depuis mille ans.

Ils arrivaient à table, recouverts de boue, les joues battues par les épines et les branches, les vêtements déchirés, comme des sauvages.

Louis XVI les regardait, affolée.

À 13 ans, Aurore avait été mise à la chasse à courre, la vraie. Elle était le garçon de la famille et

Adèle était allergique aux chevaux. Huit heures sur des montures bourrées à l'avoine, dans le vent glacé de l'hiver, au triple galop, au milieu des chiens, des routes, des bagnoles, des ronces, des fossés et des étangs. En traversant les villages, elle sentait bien que les habitants la regardaient comme venue d'un autre temps. Alors, pour se dédouaner de ses origines, elle laissait apparaître sous sa veste de vénerie un tee-shirt à l'effigie des Ramones.

Pour lui donner du courage, les gars du coin lui faisaient boire du « Jean-Mi » à tous les carrefours. Le « Jean-Mi », du prénom d'un des fils alcoolos de tante Didi, la maîtresse d'équipage, en l'honneur duquel les gars de la chasse avaient fabriqué ce tord-boyaux principalement constitué d'eau-de-vie : 80 degrés d'alcool au bas mot. Aurore tremblait moins mais elle ne tenait plus sur sa selle. Cent fois elle était tombée, cent fois elle était remontée sous les commentaires désolés de Lipuscoa, agriculteur à Preuilly : « Oh ! Ben v'là le cheval d'Aurore pis il est tout seul. » En descendant de sa monture, elle vomissait tripes et viscères.

Cinq ans après la disparition de Rose, Henri était parti à fond sur l'autoroute de la réussite. Il s'était acheté une maison de campagne pas loin de chez Louis XVI, à vingt kilomètres.

C'est là qu'il prévoyait de se remarier avec La Principessa, très jolie femme divorcée et mère de deux enfants. Pour informer Aurore de cette décision, il l'avait fait monter dans sa Peugeot 504 bordeaux métallisé et avait enchaîné des tours de pâté de maisons afin qu'elle ne puisse pas s'enfuir.

L'intimité lui avait toujours donné envie de se sauver. Elle y voyait quelque chose d'obscène, ça l'écœurait.

« Voilà, ma chérie, j'ai une grande nouvelle à t'annoncer, je vais me remarier.

— Eh bien, écoute, papa, ça tombe très bien car j'ai moi aussi une information de la plus haute importance à t'annoncer : je veux me faire opérer et devenir un garçon. J'ai vu un documentaire hier et c'est possible. Aux Philippines. »

Son père s'était tourné vers elle comme devant un OVNI et avait répondu, stoïque :

« Je te propose d'y réfléchir encore un peu.

— C'est tout réfléchi ! avait-elle dit, convaincue que c'était la meilleure décision de sa vie. Et au passage, papa, à ton remariage, je viendrai en jean. »

La Principessa s'y était opposée fermement.

« Elle portera une robe, une jupe, un kilt, ce qu'elle veut, mais elle sera habillée comme son genre l'exige. »

La Principessa s'était mis en tête de l'emmener faire des courses dans ces boutiques de déstockage du 17e arrondissement de Paris, où on vendait des tailleurs de toutes les couleurs, sans style, sans danger, sans courage, des robes boules fuchsia dégueulasses et des redingotes en satin vert brillant qui donnaient une mine de bidet.

Aurore essayait, morfondue, ces accoutrements féminins, observant son consternant reflet dans le miroir du magasin quand, tout à coup, vêtue d'un tailleur jupe courte et veste à épaulettes bleus, contre toute attente, elle s'était surprise à se trouver jolie. Bien entendu, elle n'avait rien dit à La Principessa, elle avait continué à faire la gueule, ce qu'elle faisait de mieux à l'époque.

Quelques mois s'étaient écoulés et Aurore avait de nouveau été convoquée par son père. Le tailleur veste jupe bleu foncé était étendu sur son grand lit deux places où il dormait seul depuis son veuvage. Il couchait avec des femmes mais jamais sous le même toit que ses filles. C'était une règle qu'il s'était fixée. Le fantôme de sa femme planait encore dans cet appartement où elle avait vécu.

À défaut de tours de pâté de maisons, cette fois, son père faisait des tours de lit, se lançant dans des circonvolutions discursives, se perdant dans des explications alambiquées pour lui dire en substance qu'il annulait son mariage.

« Vois-tu, finalement, si je me remarie, c'est beaucoup pour vous, pour que vous ayez une vraie vie de famille, mais je ne l'aime pas. »

Aurore regardait son tailleur et la perspective de porter une jupe disparaître à mesure que leur entretien avançait. Elle avait prévu de faire son coming out féminin ce jour-là et de dire à la face du monde : « Moi aussi je peux être jolie et désirable. Mais, voyez-vous, ça ne m'intéresse pas, parce que je n'y suis pour rien, parce que je sais que la beauté peut surgir et disparaître en un claquement de doigts, dans la vitre d'un pare-brise. »

Son père la regardait avec ses yeux de chien battu. Il avait toujours eu le chic pour lui voler les instants où elle aurait dû pleurer.

Une semaine s'était écoulée et Aurore avait de nouveau été convoquée dans cette chambre où son costume de fête avait été remisé au placard.

« Je ne l'aime pas mais, pour vous, avoir une femme à la maison, c'est mieux, donc je vais me remarier. En revanche, il faut que je te donne un petit cours de maintien. Je t'ai observée t'asseoir, on dirait un camionneur. »

Il avait sorti le tailleur du placard et l'avait déposé sur le lit.

« Enfile-le ! »

Aurore s'exécutait quand, tout à coup, son père s'était mis à défiler comme un mannequin de chez Chanel, tortillant du cul. Il s'était posté devant un fauteuil et s'était lancé dans un roulement de hanches à la Marilyn Monroe, version travesti de chez Michou, puis s'était assis, jambes croisées, fier de sa prestation.

« Voilà comment une femme doit marcher et s'asseoir avec ou sans jupe. Essaie ! »

Aurore s'était avancée, épaules rentrées, dos voûté, poings toujours serrés, traînant des pieds, ne sachant que faire de ce corps trop grand qu'elle avait du mal à habiter. Puis elle s'était vautrée, jambes écartées sur le canapé.

« Qu'est-ce que tu portes sous ta jupe ? C'est un de mes caleçons ?

— Oui, papa, ça fait des années que ça dure et à ton remariage, sous cette jupe, je porterai aussi un de tes caleçons. Je suis ton petit garçon manqué, celui à qui tu peux parler de politique et de philosophie parce que ton autre fille est gauchère, dysorthographique et que tu la prends pour une conne. »

Tandis qu'Aurore s'interrogeait sur son genre, Adèle souffrait de tout, de dyslexie, d'abandon. Au lycée de Neuilly, elle était le bouc émissaire d'une bande de mômes cruels qui savaient sa détresse. À la maison, elle prenait sur elle en rêvant d'ailleurs. Armée d'un petit sac rempli du strict nécessaire pour fuguer, elle se sauvait régulièrement, enchaînait les tours de pâté de maisons et revenait à la nuit tombée. Leur père faisait pareil dans sa Peugeot 504 bordeaux métallisé pour les informer des grands axes de leur vie future. Tout le monde tournait autour de cet appartement qui empestait la disparition prématurée d'une mère.

À 45 ans, comme prévu, Adèle ferait une grave dépression. À partir de ce jour-là, son père se mettrait à la trouver intelligente. Désormais, c'est elle qui aurait son oreille. Le choix d'un tapis, les travaux à faire dans une maison, le mobilier à acheter, des bureaux à vendre ou à louer, c'est à elle qu'il s'en remettrait. Aurore serait convoquée pour donner son avis mais sa voix ne compterait plus. Elle, ce serait terminé.

Espiègle, Adèle, désormais mère de deux filles, dirait à sa petite sœur :

« Tu devrais peut-être faire une dépression ? »

— C'est en cours… », répondrait Aurore.

Et elles riraient. Ce n'était pas tout à fait faux.

À 12 ans, Aurore avait enfin été autorisée à accompagner les chiens fous en virée. Les deux sœurs avaient mis La Principessa à contribution pour les informer des bruits que faisaient leurs pas sur le plancher du grenier dans lequel elles dormaient, juste au-dessus de la chambre conjugale. Trop heureuse d'avoir enfin trouvé un moyen de se faire accepter et aimer, La Principessa couvrait leurs escapades.

Elles avaient fait un état des lieux méticuleux de la nouvelle maison de leur paternel, des portes qui grincent, des lattes de parquet qui craquent, elles savaient les pierres qui bougeaient, les heures de ronde, les lumières automatiques dans les jardins, les chiens aboyeurs, les portails qui crissaient. Elles avaient consigné dans un carnet les habitudes noctambules d'Henri.

Si une compote Andros éventée trônait sur le plan de travail de la cuisine avec une cuillère à café, c'était que leur insomniaque de père s'était déjà levé en pleine nuit et que la voie était libre. Telles des cambrioleuses quatre étoiles, elles étaient rodées pour ne pas se faire piquer, elles étaient au point.

Dévaler les escaliers, chaussures à la main, habillées sous leurs pyjamas au cas où elles se feraient surprendre, ouvrir la porte de la cuisine qui donne sur la cour de la ferme de Stéphane, se déshabiller, cacher leurs affaires, mettre leurs chaussures, marcher à tâtons vers les vélos planqués dans les herbes hautes, enfourcher leur monture et pédaler comme des folles sous les lignes à haute tension à la lueur de la pleine lune, direction La Beach, quinze kilomètres.

En quelques mois, ça avait dégénéré. Les chiens fous s'étaient mis à piquer les voitures des parents, sans permis, siphonnant l'essence des bagnoles des adultes avec des tuyaux en plastique à s'en faire brûler les poumons et péter l'estomac. Ils remplissaient les réservoirs des vieilles voitures abandonnées dans les garages qu'ils utiliseraient le soir. La Renault 5 bleu marine de La Principessa n'était jamais à la même place le matin que la veille. Ça intriguait Henri, leur belle-mère les couvrait.

Un soir, ils avaient entrepris de se rendre à L'Heure bleue, une boîte de nuit de la région, décorée de palmiers et de fleurs exotiques en plastique qui donnaient l'illusion d'avoir atterri à Bora-Bora le temps d'une soirée.

Les chiens fous s'étaient donné rendez-vous devant le portail de Louis XVI à 23 heures. La bande au complet avait planqué ses vélos et ses mobs dans le fossé, tout le monde avait retiré ses chaussures et pénétré dans le jardin sous la lumière de la chambre de Louis XVI, qui se décoiffait pour la nuit en écoutant sa radio. Ils avaient ouvert la Visa, déposé leurs chaussures dans le coffre, retiré le frein à main et poussé la voiture le long de l'allée. Une fois sur la route, ils avaient démarré dans la pente avec la première, couru en chaussettes sur le bitume derrière la voiture aux portes ouvertes et grimpé dans la Citroën, hilares, pour s'envoler vers L'Heure bleue.

Charles-Antoine, un cousin éloigné, avait quant à lui piqué la voiture de sa mère, femme peu commode. Quand elle voulait le punir, elle le convoquait le plus calmement du monde : « Charles-Antoine, viens prendre ta baffe ! » Ce soir-là, il transpirait à grosses gouttes tellement il se chiait dessus et répétait sans cesse : « Je pue, putain, qu'est-ce que je pue ! » C'était un type sérieux mais, au contact des chiens fous, il avait tout lâché.

Ils étaient rentrés au petit matin, à l'heure où le boulanger du village faisait son pain, cogné à sa fenêtre, ivres et heureux, acheté des viennoiseries à peine sorties du four qu'ils avaient ingurgitées assis sur les bagnoles pour plâtrer leurs estomacs imbibés de mauvais whisky. Puis ils avaient garé la voiture de Louis XVI à sa place initiale et ils étaient rentrés se coucher chacun chez soi vers 7 heures, radieux. Le lendemain, personne n'était réapparu avant 13 heures. Les parents se demandaient pourquoi leurs gosses dormaient tant. L'adolescence et l'air de la campagne, sans doute. « L'air soporifique du Berry », disait Henri…

Le soir du portrait pris à La Beach, il n'y avait pas de voiture et, à vélo, la destination était trop lointaine. Il y avait juste une place sur le Solex d'Arthur.

La bande des chiens fous avait grandi depuis les « opérations carottes humides » mais très peu mûri, et chacun tenait toujours le même rôle. Lucky, fourbe et lâche, faisait des conneries qui manquaient de charme et de panache. Son petit frère, Brise-Fer, malin comme un singe, fou de littérature, d'Higelin et de Thiéfaine, était un éternel suiveur. Leur sœur, La Meule, excitait les chiens fous de son rire communicatif découvrant ses dents du bonheur. En pâmoison devant Arthur, elle s'envisageait comme la louve alpha à ses côtés. Manouche rêvait désormais de Penninghen et regardait Arthur comme un grand garçon immature. Didi restait aussi beau qu'il était éffacé. Manu poussait toujours sans l'attention de ses parents et faisait ses premiers pas vers la mythomanie. Depuis que son père était mort d'une balle de fusil de chasse dans le parc du château, Tim se prenait pour l'homme de la famille et son petit frère, Tito, était l'ado le plus chiant, le plus colérique et le plus attachant que la Terre eût porté. Anatole, Tito et Aurore étaient les louveteaux de la bande, ils rêvaient tous les trois de cinéma. Tito derrière et eux devant la caméra. Il serait leur Truffaut; Aurore, sa Fanny Ardant; Anatole, son Jean-Pierre Léaud. Adèle était une sensuelle qui aimait par-dessus tout le sucre et la nature. Quant à Joseph, il était leur grand frère à tous, l'oméga, indispensable à la survie d'une meute. Leur guérisseur, leur équilibre. Jo, pour eux, c'était le meilleur des disciples, le fidèle qui supportait les excès et les railleries du leader avec sagesse et philosophie. Il aimait les belles choses, les chaussures en cuir, les vieilles voitures, la musique. Il écoutait Gainsbourg en jouant de la batterie. À peine âgé de 18 ans, on l'imaginait volontiers collectionneur de vieilleries, brocanteur à chaussures cirées, cigare au bec en négociant ses trésors de valeur plus affective que matérielle. Jo était un grand tendre qui fumait des Craven A. Ironie du sort: pour son service militaire, il serait affecté comme maître-chien à la caserne de Châteauroux.

Les mâles des chiens fous avaient trouvé de la chair fraîche dans la grande ville d'à côté: Châteauroux. Un brelan de sœurs, ravissantes. Fallait y aller ! La nuit. Faire le mur. Encore plus tard, encore plus loin.

Les loups sont ce qu'ils sont. Dans leur monde, le premier a autant d'importance que le dernier.

Chacun connaît sa place. Si on ne comprend pas cela, c'est l'autodestruction.

Ils n'étaient pas des loups, ils n'étaient que des petits hommes.

4.

Les démons de minuit

Le soir de la fameuse photo prise à La Beach, Adèle devait s'asseoir à l'arrière du Solex pour aller voir son « crush » du moment, qui organisait une fête à vingt-cinq kilomètres de là. Échaudée par un coup de téléphone qui lui avait déplu, elle s'était désistée au dernier moment.

Sur l'instantané de 1986, Anatole a 15 ans. L'insertion dans la hiérarchie d'une meute de chiens se fait à la puberté – il n'a que trop tardé, c'est le moment ou jamais de prendre sa place. Il a eu un coup de foudre pour une des sœurs de Châteauroux, Patricia, et ce soir il veut en être.

21 heures... Arthur se prépare à partir sur son Solex, il a placé un traversin sous sa couette pour faire illusion et refuse catégoriquement d'emmener son petit frère avec lui. Anatole supplie. Il doit voir Patricia.

Du rez-de-chaussée, on entend monter les rires et les claquements des couverts d'une tablée d'adultes échauffés par le Bussy, l'unique spécialité du coin. C'est blanc, c'est bon, mais c'est fort, le Bubu ! Ils ont pris leurs premières cuites au Bubu. Leurs parents se retrouvaient pour faire la mise en bouteilles au château mais, quand les bouteilles étaient trop remplies, on ne pouvait pas bouchonner, pas le choix, fallait égaliser. C'est en égalisant qu'ils avaient découvert l'ivresse, ils n'étaient encore que des enfants.

C'était les années 1980, l'alcool n'était pas encore diabolisé. La cigarette et l'ivresse au volant non plus. Boire était une marque de virilité, un baptême du feu. Quant à la ceinture de sécurité, les parents en saisissaient encore mal l'utilité, la seule chose qu'ils en disaient c'est que ça coupait la poitrine des femmes. Tout comme les soutiens-gorge à balconnet. *Fake news*, déjà.

Anatole trépigne et se fait menaçant.

« Si tu ne m'emmènes pas, je crie, je hurle, je te dénonce. Les coups de ceinture et les engueulades, ça va tomber ! Je balancerai aussi toutes tes arnaques pour acheter ta moto-cross ; les chaussettes Burlington piquées dans les grands magasins et revendues moitié prix en pension ; le carnet de chèques déclaré volé par Tim avec lequel tu t'achètes du matériel hi-fi que tu revends aux copains du pensionnat. Et les 501 enfilés par trois volés chez Balavoine. J'en ai marre de te couvrir pour tout. Marre de distraire les vigiles dans les magasins et de ne jamais profiter de rien ! »

Arthur se justifie, argumente :

« Tu exagères, la moto-cross, c'est aussi pour toi.

— La moto, ça ne m'intéresse pas. La pêche non plus. Ce que j'aime, c'est le théatre. »

Il rêve d'en faire son métier. Mais sa marotte, ce soir, c'est cette Patricia qui lui a tapé dans l'œil un soir à La Beach. Touché par ce cadet qu'il n'a jamais vu si passionné, Arthur finit par céder. Anatole sort de son lit, fou de bonheur, sous le regard surpris de son frère : il a préparé son coup et sa tirade, il est déjà tout habillé.

Tandis que les conversations des parents se font de plus en plus emportées et les rires de plus en plus sonores, les deux fugueurs dévalent les escaliers qui mènent de leur chambre directement vers l'extérieur et s'enfuient en chaussettes sur la pelouse humectée par le soir, s'éclairant avec une lampe torche. Un peu plus loin, dans un fossé qui longe la route, caché sous des branchages, leur monture les attend : un Solex.

Arthur sort le véhicule du fossé tandis qu'Anatole chausse ses Weston d'occasion. Ils mettent leurs casques, des intégraux calibrés pour des conducteurs d'YZ plutôt que pour ce duo de braques. Ils poussent leur destrier un peu plus loin pour ne pas éveiller la curiosité des parents déjà bien avinés, mais attention : pas trop loin non plus, tout est millimétré. Si on avance vers le hameau suivant, il y a le berger allemand de Mireille et Patrick Quéau qui aboie au moindre craquement de brindille.

Le Solex démarre, les deux frères se mettent à courir à côté et grimpent dessus l'un après l'autre. Les Daft Punk de province filent sous les réverbères, le point rouge de la lampe arrière du Solex disparaissant dans la nuit.

Ils roulent sous la pleine lune, ivres de joie et de liberté, électrisés par l'interdit. Arthur est prudent, Anatole s'accroche à son grand frère, son héros, en regardant défiler le paysage nocturne de la campagne berrichonne, plate, silencieuse et déserte.

Pour attraper la route qui mène à Dun-sur-Auron en arrivant de Villeneuve, il y a une immense pente. À Solex, on n'a pas envie de freiner tellement on prend de vitesse.

Mais Arthur a décidé d'être raisonnable, il ralentit pour tourner à angle droit, direction la Charretterie.

Anatole l'interpelle.

« Mais qu'est-ce que tu fous ? On va où ?

— J'ai promis à Jo de lui rapporter sa paire de Weston, il les a oubliées à la dernière virée "bananes flambées" à La Beach. »

À la Charretterie, les garçons tombent sur Max, le père de Joseph, qui fume sa cigarette en regardant son jardin. Max est le type le plus gentil que la Terre ait porté. C'est grâce à cette bonté et un peu aussi à sa naissance qu'il a épousé la plus belle fille du pays. Et c'est sans doute à cause de cette même qualité que sa femme couche avec le voisin.

Tout en recrachant la fumée de sa cigarette, Max observe, éberlué, l'arrivée dans sa cour de cet attelage bringuebalant à une heure si tardive.

« Je n'aime pas bien vous voir là-dessus à cette heure-ci, vous deux !

— On vient rapporter les chaussures de Jo.

— À 22 heures... ? Ça pouvait pas attendre demain ?

— Ben si, mais je lui ai promis. Vous savez comment il est avec ses affaires.

— Oh ! M'en parle pas... Il va cirer ça toute la soirée. »

Arthur descend du Solex, il sort un sac plastique de ses sacoches contenant les chaussures de Joseph et le dépose sur la table de jardin en fer rouillé. Il remonte sur sa bécane et repart aussi sec en dérapant. Le surpoids des deux garçons fait chasser le pneu arrière mal gonflé sur l'allée fraîchement ratissée de Max, qui maugrée : « Mon gravier ! »

Les deux frères disparaissent sous le porche en lançant un impétueux : « Bonne soirée, Max ! »

Et, dans un éclat de rire, le duo s'élance direction Châteauroux, direction la vie. Sur ce grand axe, il fait toujours plus froid que sur les petites routes de campagne mais ça vaut le coup. Cette Patricia hante les pensées d'Anatole… Ses boucles blondes, ses yeux noisette, ses jeans savamment déchirés, sa voix grave et sa façon de crapoter des Philip Morris bleues.

Chez Arancio, l'unique bar du village, les gars du coin finissent leurs énièmes « babys ». Il est tard et l'articulation se fait aussi laborieuse que l'équilibre. Pimenta, la trentaine, quitte les lieux seul, bien décidé à aller se finir dans la boîte du coin. Sorti du bar chancelant, cigarette au bec, il se dirige vers sa voiture en godillant. Agrippé à la carrosserie, il a du mal à introduire la clef dans la serrure, ça tangue. La portière finit par s'ouvrir d'un coup, il titube, manque de tomber et s'accroche à la poignée de sa 205 GTI pour se glisser dans l'habitacle. Il démarre, sa clope toujours au bec et fait crisser ses pneus en s'engageant brutalement sur la route. La voiture s'élance dans la nuit comme un navire sans capitaine, direction le Number One : trois ambiances, trois pistes de danse, dont une tournante. Les femmes y dansent des Carrousels tandis que sur le parking éclatent des bagarres au couteau. Autour de l'établissement, les poteaux et les câbles électriques de l'antenne d'Allouis quadrillent le ciel.

Pimenta descend la route en zigzag, cherchant désespérément une chaîne de radio pour se mettre dans l'ambiance, jusqu'à trouver Radio Birette, la station de la région qui passe le tube du groupe Images, « Les Démons de minuit ».

Il chante à tue-tête.

La cendre de sa cigarette tombe sur son pantalon. Grognon, il l'époussette, regarde à peine devant lui… Il ouvre sa fenêtre et jette son mégot, attrape une nouvelle cigarette et tâtonne pour chercher l'allume-cigare. Les synthés reprennent et propulsent le refrain lorsque, tout à coup, sa voiture se met à trembler, il a percuté quelque chose. Pimenta continue sa route en chantant, rien ne lui parvient.

Accrochée au pare-chocs de la 205 GTI, de la tôle crisse et fait des étincelles sur l'asphalte, une forme y est accrochée… Pimenta file sous les réverbères.

Dans le silence de la nuit, Arthur erre, chancelant, le visage ensanglanté, son casque intégral a volé, il hurle le prénom de son frère, tel un chien-loup perdu dans la nuit.

Un véhicule s'arrête, la conductrice répète inlassablement des chiffres et des lettres qu'elle note nerveusement sur un bout de papier, puis sort de sa voiture, découvrant le chaos. Un très jeune homme qui titube, pleurant et hurlant : « Anatole ! Anatole !… »

Elle s'approche quand, tout à coup, Arthur s'arrête, son visage tourné vers le sol où gît un magma de chair et de sang. Il tombe inanimé.

Dans la maison de La Roseraie, non loin de là, Guislain, le père de Manu, un des membres des chiens fous qui vit ici à l'année, est réveillé par le bruit de l'accident. Il se lève, s'habille à toute vitesse, court vers le parking et grimpe dans sa Méhari. Il démarre comme un fou et s'engage dans l'allée qui mène à la route.

Arrivé au bout du chemin, il sort de sa voiture et découvre la tragédie, l'innommable, deux gosses, un qu'il connaît bien, l'autre beaucoup trop abîmé pour être reconnu.

La conductrice, choquée, lui tend un papier.

« C'est la plaque du gars qui a fait ça. »

Guislain saisit le papier, court à sa Méhari et retourne à La Roseraie pour appeler les secours.

La conductrice remonte dans sa voiture et s'en va…

Un autre véhicule arrive juste derrière elle et s'arrête. Un homme en descend, découvre Arthur, étendu dans la boue. Il se dirige vers lui, l'observe, lui enlève ses chaussures : des Dr. Martens à coques. Il fouille dans la veste de l'évanoui, en sort un portefeuille, regagne sa voiture, larcin en poche, et s'enfuit.

Pendant ce temps, Guislain appelle les pompiers : 18 sur le téléphone à cadran de bakélite grise. Puis c'est au tour du Diable Vauvert, la maison de Catherine, la maman d'Arthur et d'Anatole. Elle décroche.

« Catherine, c'est Guislain.

— Oh, Guislain ! Ben, qu'est-ce qui t'arrive à cette heure-ci ? »

À la cantonade, elle crie à ses invités :

« C'est Guislain ! »

Brouhaha de commentaires avinés.

« Dis-lui qu'il vienne boire un coup ! Tu dragues encore à des heures pareilles ? T'as aucune morale, mon vieux. Il a pas de figure… »

Guislain ne rit pas, ce qui ne lui ressemble pas. Un blanc.

« Catherine. Il y a eu un accident. Où est Anatole ? »

Elle répond, incrédule, comme s'il était fou :

« Il dort, voyons.

— Vérifie, je t'en prie. »

Catherine pose le téléphone, monte dans la chambre de ses fils, allume. Il y a bien des formes sous les draps, elle s'approche, soulève les couettes et découvre les traversins. Elle redescend, sonnée, livide. Plus personne ne parle à sa table. L'alcool s'est évaporé du sang des convives. Catherine saisit le téléphone tel un automate.

« Les lits sont vides.

— Viens vite, Catherine. C'est une tragédie. J'appelle ton frère. »

Catherine s'effondre sur la chaise à côté du téléphone. Son ami Philippe s'approche d'elle et essaie de la faire parler.

« Il y a eu un accident devant La Roseraie… Les garçons ne sont pas dans leurs lits.

— Viens, je t'emmène. »

Il lui prend délicatement le bras pour la lever de sa chaise et la conduire sur les lieux de l'accident. Elle est en état de sidération. Sa vie est en train de basculer, elle le sait, elle le sent. La tablée reste muette, figée comme dans *La Cène* de Léonard de Vinci.

Guislain, paniqué, compose un autre numéro.

Une voix endormie décroche.

« Henri ? C'est Guislain. Il y a eu un accident, devant La Roseraie, Arthur et... je ne sais pas qui. Où sont tes filles ?

— Elles dorment.

— Vérifie, mon vieux, je t'en prie, et viens ! »

Henri monte quatre à quatre les escaliers qui mènent au dortoir où dorment ses filles. Il frappe à la porte comme un fou. Les filles endormies se lèvent pour ouvrir.

« Mais, papa, ça va pas ? Qu'est-ce qui te prend ?

— Qui est avec Arthur ce soir ? »

Adèle bredouille.

« Mais je sais pas. »

Son père, ivre de rage, la secoue.

« Il y a eu un accident, c'est pas le moment de mentir. Alors c'est qui ? »

Adèle et Aurore se regardent, effrayées.

« Je devais aller avec Arthur à une fête en Solex mais j'ai laissé ma place à Anatole... »

Henri regarde ses deux filles, les yeux embués de larmes, et tourne les talons. Il dévale les escaliers, attrape une veste, ses clefs, et file dans le jardin.

Quand Henri arrive sur les lieux de l'accident, il y a des gyrophares partout, les pompiers, les flics. Guislain fume clope sur clope en répondant aux questions des gendarmes. Il leur tend le papier laissé par la conductrice avec le numéro d'immatriculation de Pimenta.

Henri se gare, descend de sa voiture et se dirige vers le lieu de l'effroi.

Un flic l'arrête.

« Monsieur, y a rien à voir.

— Je suis leur oncle. Ma sœur est là. Il faut que je la voie… »

Le flic le laisse passer. Henri découvre l'horreur. Arthur dans le coma et Anatole… ou ce qu'il en reste. Leur mère hurle à la mort. Henri s'approche de sa sœur, les yeux injectés de larmes, sanglotant, il la prend dans ses bras.

« Mes garçons… Qui a fait ça à mes petits garçons ?! »

Cet après-midi-là, ils étaient venus voir Adèle et Aurore tous les deux sur un vélo. Arthur pédalait, Anatole était assis sur le porte-bagage, les pieds posés en équilibre sur la roue arrière. Ils avaient parcouru vingt kilomètres ainsi, en passant par le chemin de Vaubu devant chez Dominique. C'était un bel après-midi.

C'était la dernière fois qu'elles les avaient vus ensemble. C'était la dernière fois que Aurore et Adèle avaient vu leur cousin Anatole.

Il était mort à 15 ans, il ne ferait jamais l'amour.

5.

No funérailles

Arthur avait été transporté à l'hôpital de Châteauroux puis transféré en urgence par hélicoptère à Tours. Trente-deux heures d'opération et un coma d'un mois plus tard, il s'était réveillé avec des vis dans le dos et une seule bonne nouvelle : miraculeusement, il ne serait pas paraplégique. Peut-être aurait-il mieux valu qu'il paie lui aussi. Une chance pareille, ça ne peut pas bien se vivre. Une chance pareille, c'est un affront. Une chance pareille, c'est une malédiction.

Il n'avait pas pu enterrer son frère. On avait pris des photos. C'était la mission que Catherine avait confiée à Henri, qui avait dû se rendre à la morgue, soulever le drap blanc et photographier ce qui restait du petit adolescent.

Le jour des obsèques, Henri errait dans l'église, vacillant avec un appareil jetable dont les « clic clac » résonnaient comme autant de coups de poignard dans le cœur. Photographier le deuil comme pour un reportage macabre était d'une obscénité dont seul un croque-mort pouvait s'acquitter.

La bande des chiens fous avait été placée tout autour du cercueil, eux, les jeunes, pour bien leur faire comprendre qu'ils étaient responsables de cette tragédie. Ils avaient bien rigolé durant toutes ces années, et l'un d'entre eux avait payé. Au milieu des gerbes de fleurs, le regard d'Aurore s'était arrêté sur une couronne bleu, blanc, rouge coiffée d'un ruban Front national. À 12 ans, elle ne savait que trop bien ce que c'était que le FN. Les skinheads, cheveux rasés, bombers kaki, rangers, elle les avait vus courser ses copains juifs de Neuilly. Elle avait été poursuivie, elle aussi. Elle, fille de bourgeois et d'aristos. Elle, petite-fille de résistant avec son physique de Kabyle : cheveux crépus, teint mat, yeux clairs.

Ces fleurs aux couleurs du drapeau français venaient de Jean-Marie Le Pen, avec lequel le père d'Arthur et Anatole, dit Tobie, avait fait la guerre d'Algérie dans les commandos paras. Ils s'entraînaient à balles réelles.

Catherine s'était plantée devant le cercueil de son fils.

« Virez-moi cette couronne de merde ! »

C'était un affront, une salissure, ce ruban nationaliste sur la sépulture de son petit garçon fauché une nuit d'inconscience. Aurore regardait sa tante et se demandait où elle trouvait encore le courage de l'indignation un jour pareil. Elle ne l'avait pas vue verser une seule larme. Mais, tout le reste de son existence, elle tremblerait à cause du choc et des tranquillisants auxquels elle se dopait pour survivre à ce terrible mois de mai 1986.

Anatole était mort et plus personne n'en avait jamais reparlé.

Comme la mère d'Aurore et Adèle. Rose était morte et on n'en avait plus jamais entendu parler. Aucune place n'avait été faite pour recueillir leurs pleurs et leur chagrin.

Le silence.

La double peine.

Sauf pour Pimenta, 1,8 gramme d'alcool dans les veines, qui s'en était sorti avec trois mois de retrait de permis. C'est ainsi que se soldaient les homicides involontaires en 1986.

Père de cinq enfants et devenu fou de rage à cause de l'interdiction de conduire qui l'empêchait de travailler, Pimenta et sa bande de « pochtrons » étaient venus faire des dérapages au frein à main devant l'église où avaient lieu les obsèques du petit blond aux yeux bleus.

Tobie avait surgi sur le perron de l'église, comme fou.

« Viens ici que je te fasse la peau ! Descends de ta bagnole si t'es un homme ! »

Pimenta s'était enfui.

L'unique obsession de Tobie, dès lors, avait été de le tuer.

Tous les week-ends qui avaient suivi, ivre de tristesse, il se pointait chez les Pimenta. Madame appelait la police, Tobie partait et les flics venaient le voir gentiment pour lui dire d'arrêter, que ça ne pouvait plus durer.

Tobie continuait inlassablement. Mais ça ne faisait pas revenir son fils.

Deux ans auparavant, lors de la messe d'enterrement de Raoul, dans cette même église, il y avait eu une scène d'un glauque similaire. La famille était rassemblée autour de Louis XVI quand, soudain, du cercueil en bois sombre de son mari s'était mis à s'écouler un liquide vermeil. Les anticoagulants faisaient encore leur office et le sang de Raoul s'échappait de son cadavre à travers les planches de bois scellées. Tandis que l'assemblée s'affolait, cachant les yeux des enfants pour qu'ils ne regardent pas, Aurore visualisait les litres de sang qu'il devait y avoir là-dedans pour que ça déborde : le sang du corps d'un homme de 1,90 mètre.

Le sang avait eu l'effet d'un coup de théâtre. Le cœur du défunt avait lâché mais sa tuyauterie faisait un dernier tour de piste, donnant l'illusion que la vie balbutiait encore entre les parois de cette boîte tandis que les vivants se débattaient dans les affres du deuil. Henri s'était levé d'un bond et avait disposé frénétiquement tout ce qu'il trouvait comme couronnes de fleurs pour masquer le fluide macabre.

Au spectacle, on appelle cela un « incident irrésolu », « *an unresolved gestalt* ». Si un acteur fait tomber un accessoire sur scène et qu'il ne le ramasse pas, le spectacle est fichu. Le public, les yeux rivés sur l'objet, n'écoute plus rien, il pense : « Il faut qu'il le ramasse ! Dans la vraie vie, il le ramasserait. Je ne peux plus croire un mot de cette histoire. »

L'enterrement était raté, les yeux fixaient le sol en pierres blanches de l'église, guettant la mare de sang se frayer un chemin entre les dalles et s'approcher de l'auditoire.

Aurore s'était demandé si son grand-père souffrait.

Le sang n'a pas sa place à un enterrement. Tout comme le parjure et l'affront. Quel qu'il soit, un homme a le droit au silence le jour du grand départ.

Aux obsèques d'Anatole, un gros oncle sénateur était venu en hélicoptère et immédiatement reparti après la cérémonie. Le même qui ne pouvait s'empêcher de monopoliser le micro, les soirs de mariage, se gargarisant de discours lancinants et pompeux. Tout le monde rêvait de le lui arracher mais c'était sans compter la renommée du gros homme, qui ressemblait à un de ces bourgeois de Calais sculptés par Rodin. La fierté, mal placée, d'avoir un être de cette qualité à leur table faisait reluire le cuir de cette famille sensible aux carrières et aux décorations.

Le jour de ses adieux au petit blond aux yeux bleus, Aurore avait de nouveau pensé que le monde des adultes ne comprenait rien à la mort qui a besoin de larmes, de quiétude et de repos.

Heureusement, au milieu de tant de brutalité, il y avait eu comme une apparition... Une amie d'école d'Anatole, jolie fille aux longs cheveux noirs épais avec des taches de rousseur sur les pommettes et de grands yeux verts, vêtue d'un tailleur jupe courte et veste en pied-de-poule noir et blanc, s'était effondrée quand le cercueil avait été mis en terre, sous le regard accusateur de Catherine qui trouvait que cette démonstration de tristesse manquait cruellement de retenue et de pudeur. Tandis que Catherine serrait les dents, la jeune fille tremblait de chagrin. Aurore l'avait regardée comme un spécimen étrange et charmant qui avait le droit de pleurer, qui se l'autorisait. Le même sentiment l'avait submergée lorsqu'elle avait vu apparaître un soir, sur l'écran de télévision de son père, des images de Romy Schneider en larmes, traversant une cour d'hôpital, vêtue d'une robe blanche Courrèges dans un film de Claude Sautet. Si Romy Schneider avait la permission d'exprimer sa tristesse, qu'elle était même filmée pour cela, quand Aurore serait grande, elle serait Romy Schneider.

Il y avait eu un verre à La Brosse après la mise en bière. Un verre. Qui pouvait bien avoir envie de faire cocktail après une telle tragédie ?

Dans la Jeep Willys de Calou, un gentil alcoolique du coin qui la conduisait chez sa grand-mère, Aurore avait eu ces mots : « Et un mort de plus, un ! »

Calou avait pilé et s'était tourné vers elle, furieux.

« Comment oses-tu dire des choses pareilles ? »

Mais Aurore ne connaissait que cela, la mort, elle la côtoyait depuis toujours : la mort subite, la mort violente, les accidents de voiture faisaient partie de sa vie depuis qu'elle avait

5 ans. Comme elle avait aussi fait partie de la vie de sa mère, dont le grand amour de jeunesse avait été fauché, sur la route, dans un coupé cabriolet Alfa Romeo, lors d'une nuit d'insouciance.

Le revers d'une époque qui se grisait de vitesse et de liberté ou une malédiction ? Quelles protections trouver pour y survivre à part le cynisme et la fuite en avant ? Tête haute, poings serrés, ne pas pleurer, de peur de ne jamais s'arrêter.

6.

Le Phénix

« La tristesse est une grisaille » – voilà comment le premier professeur de théâtre d'Aurore nommait une prestation atone, sans vigueur, un personnage sans quêtes ni désirs. Cette phrase résume bien les années qui suivirent la disparition d'Anatole. Une brume de mélancolie avait envahi la mémoire d'Aurore et Adèle. Les chocs successifs avaient engourdi leurs cerveaux, qui faisaient le choix de brouiller les souvenirs pour survivre. La seule chose qu'elle savait, c'était ce cousin titanesque qui tentait de survivre.

Un mois après l'accident, à peine sorti du coma, Arthur avait été installé dans l'appartement de sa mère à Paris, 17e arrondissement, boulevard Pereire. Quand Aurore traverse ce quartier désormais, elle ne pense qu'à lui, à ces années crispées par la violence.

Il avait été demandé à la bande des chiens fous de l'entourer, de ne surtout pas le laisser seul avec lui-même. Certains mots devaient être bannis de leurs conversations : « accident », « Anatole », « frère », « mort »...

À la sortie des cours ou les week-ends, les chiens fous s'étaient relayés durant un an à son chevet. Lucky avait appelé cette période « quand Arthur était fainéant », mais jamais « après l'accident ». Se taire. Ne pas en parler. Telle était la consigne folle qui leur avait été donnée.

Dans leurs yeux, tout ne parlait que de cela, la tragédie transpirait de leurs échanges. Ils voulaient tous lui dire leur tristesse, lui crier leur culpabilité et leur besoin de pardon, que rien n'était sa faute, que ça aurait pu arriver à n'importe lequel d'entre eux. Que la responsabilité était collective. Qu'ils étaient tous allés trop loin.

Un corset en résine maintenait le dos d'Arthur du bas de la colonne vertébrale au cou. Étendu sur son lit médicalisé, il ne pouvait, pour l'heure, ni se lever ni marcher. Ressuscité, tel un soldat revenu du champ de bataille, il trônait, entouré de la bande des chiens fous qui végétait en son absence, sans tuteur. Ils lui apportaient des films, des magazines de bagnoles, sa passion, les bagnoles, les vieilles surtout.

Ces visites s'étaient vite transformées en un tourbillon malsain qui l'empêchait de se confronter au réel et à son chagrin. Jamais seul face à lui-même, ses nuits lui offraient sempiternellement le même cauchemar : debout, hagard, il cherche son petit frère dans le noir. Quand il le trouve, c'est une forme inanimée qui n'a plus rien à voir avec celle que devrait avoir le corps d'un adolescent.

Les films qu'ils regardaient tous ensemble pour se changer les idées étaient vite devenus *hard*. C'était l'avènement de la cassette vidéo et du porno à domicile. Âgée désormais de 13 ans, Aurore avait ainsi vu son premier « film de boules » à son insu : *Fantasme sur l'autoroute*. Le scénario était des plus élaborés : une panne, une station-service et toutes les combinaisons, toutes les positions devenaient possibles. Lucky avait apporté ça, pour rire. Un an plus tard, Arthur et lui s'échangeraient Angélique, la baby-sitter des enfants de La Principessa. Les yeux couverts d'un masque, la jeune fille pensait faire l'amour avec un seul homme, elle couchait avec deux. De nos jours, à Montpellier, un homme de 62 ans a pris dix ans de prison pour viol après avoir utilisé le même type de stratagème.

Voir ce garçon bourré d'antidouleurs et de calmants, excessivement hilare, le fond de l'œil triste et abasourdi, était odieux. Son frère était mort, il n'avait pas assisté à son enterrement, il s'était réveillé et plus personne n'en parlait. C'était le pire des cauchemars. Il n'avait pour sa rémission que des instantanés des obsèques du petit blond aux yeux bleus prises avec un appareil jetable. Une pure folie.

En septembre 1988, le mariage d'Henri avec La Principessa avait enfin eu lieu dans le Berry. La vie devait reprendre son cours, mondanités comprises.

Le jour des noces, un homme au visage vaguement familier s'était approché d'Aurore :

« Je viens de croiser ta mère. Qu'est-ce que tu lui ressembles. Catherine tout craché.

— Catherine n'a pas de fille, elle a deux garçons, dont l'un est mort il y a un an et demi et l'autre est en lit médicalisé. Quant à ma mère, elle est morte il y a six ans. »

Le type s'était mis à rougir, il avait pris une mine de constipé. Puis il avait bredouillé deux ou trois borborygmes avant de s'enfuir, vers le bar sans doute.

Adèle était arrivée près d'Aurore, glous-sant et peinant à avancer sur ses talons qui s'enfonçaient dans la pelouse, sa jupe qui la moulait trop et sa veste outrageusement colorée.

« Tu ne sais pas ce qui vient de m'arriver ? Une femme s'est approchée de moi et m'a dit : "Je viens de voir ta mère. Elle a l'air en pleine forme !"

— Quelle conne ! T'as répondu quoi ?

— J'ai dit : "Vous avez de la chance parce que moi je ne l'ai pas vue depuis six ans." Elle a dit : "Mais, grand Dieu, pourquoi ?" "Parce qu'elle est morte." T'aurais vu sa tête !

— Il vient de m'arriver la même chose... Le con, là-bas, collé au buffet. Il pensait que ma mère, c'était Catherine.

— C'est vrai que tu lui ressembles !

— Oh ! Non, pitié ! Mais regarde-le ! Il se prend pour qui ce type ? Est-ce que je viens lui dire, moi, que sa femme est en train de se faire attraper dans le dortoir du premier étage par un de nos amis, plus jeune et plus appétissant ?

— Mais non ?!

— Mais si. Ils ont des tam-tams pour s'écrire avec un langage codé. Deux bips : "J'ai envie de toi." Un bip : "Mon mari est là." Non ! Je le fais pas parce que je m'en fous. C'est sa vie de merde, pas la mienne.

— Mais comment tu sais tout ça, toi ?

— Je sais tout. T'as écrit un truc dans le livre d'or du mariage ? Moi, j'y arrive pas.

— Ouais… J'ai mis : "*Congratulations to the happy couple!*" »

Aurore s'était tournée vers Adèle, incrédule, le sourcil droit relevé, les jambes écartées dans sa jupe de tailleur bleu sous laquelle elle portait un boxer-short rayé vert et blanc.

Adèle s'était justifiée.

« Ça va ! C'est pas comme s'il nous avait vendu du rêve avec cette histoire ! Eux, ils le savent pas encore. Mais nous, on sait déjà que ça va pas durer…

— T'as raison, un type qui emmène sa nouvelle conquête tous les week-ends à la campagne pour détruire à la hache les faux plafonds d'une baraque qu'il vient d'acheter, c'est pas bon signe. »

Elles avaient ri puis, dans un long silence, elles avaient observé tous ces inconnus qui faisaient cocktail autour d'elles et elles s'étaient senties seules à crever. Une femme avait brisé l'isolement dans lequel elles s'étaient retranchées, cette bulle d'orphelines familière d'où elles observaient le monde depuis six ans. L'inconnue avait dû lire les bans dans le journal et elle s'était pointée au mariage de leur père sans y être invitée. Elle était venue les voir, tel un spectre, pour leur dire qu'elle adorait leur mère avant de repartir. Même pas pris un verre. Elles avaient rapporté la scène à Henri, que ça avait scandalisé.

« On ne vient pas dire ça à des gosses pour se barrer juste après ! »

Personne ne savait qui elle était. Aurore s'était demandé si ces gens de son milieu qui veulent à tout prix remplir le vide, rompre les silences, se manifester, avoir l'air de savoir ou d'en être, si ces gens de ce milieu qui font cocktail toute l'année, au lieu de forcer les portes de leur intimité d'enfants, au lieu de s'adresser à elles d'une voix haut perchée dès qu'il s'agit de faire un frais, au lieu de cancaner, est-ce qu'ils ne pouvaient pas s'occuper de leur propre chaos et surtout bien fermer leur gueule ? Ce n'était pas qu'on lui parle de sa mère qui la chagrinait ; elle n'avait pas besoin de l'intrusion de ces visages d'inconnus pour penser à elle. Non, ce qui la heurtait, c'était ce non-respect de l'enfance. Cette façon de faire des phrases pour meubler, pour exister, sans jamais se soucier du frêle individu qui les recevait. Cette façon de ne pas considérer les enfants comme des individus à part entière.

Anatole leur manquait cruellement. Arthur était toujours en soins intensifs. Ça avait duré encore un an.

Enfin remis sur pied, il était entré en première et avait enchaîné avec sa terminale dans la boîte à bac où Aurore et Adèle lui succéderaient cinq ans plus tard, à République. Cassé de partout, sensible et plus fêlé que jamais, il poussait des hurlements durant les cours, chantait « Viens dans ma roulotte sucer ma… » à tue-tête. Il se croyait encore à La Beach en pleine « opération carottes humides ».

Viré, il avait été contraint de passer son bac en candidat libre, son « bachot » comme disait Louis XVI, sa meilleure copine, chez laquelle il avait décidé de s'installer pour réviser. Dans le parquet moulures déglingué, une location loi de 1948 où elle vivait depuis 1936, des fils électriques pendaient du plafond en l'attente d'une rénovation totale. Sa grand-mère était parcourue de décharges électrostatiques quand elle en actionnait les interrupteurs muraux à manette hors d'âge.

Enfants, Aurore, Adèle, Anatole et Arthur adoraient se promener dans ce lieu délabré, rempli de vestiges d'une époque où tout était fabriqué en bois à l'instar des jouets d'Henri, toujours entreposés dans sa chambre d'enfant. Un jeu de billard Nicolas à poires souffleuses les y avait occupés des dimanches après-midi entiers tandis que Louis XVI somnolait devant un épisode de *Dallas* ou une finale de Roland-Garros, que diffusait son poste de télévision à antenne mobile. Dans son fauteuil à l'assise effondrée recouvert de velours bleu comme ses yeux, elle s'assoupissait, tête penchée en avant, gitane maïs au bec, et les cendres de sa brune trouaient ses chemisiers de coton à la manière d'une boulette de shit.

Dans la lingerie de quarante mètres carrés éclairée par une ampoule au plafond s'entassaient des tissus anciens, des draps lourds, des nappes dentelées et des mouchoirs ou des serviettes brodés d'initiales. Un fer à repasser en fonte trônait encore sur une jeannette en bois, couverte d'un linceul de toile suranné. Du mobilier caché sous des toiles de lin blanches donnait l'impression que des fantômes du passé s'y étaient cachés pour ressortir à la nuit tombée. Aurore aimait se lover dans ce foutoir bien tenu et cette odeur d'avant. Elle aimait entendre Louis XVI désigner avec des mots oubliés les pièces de son appartement familial : l'office, le corridor, l'arrière-cuisine et ses aménagements domestiques à la désuétude enveloppante, désastreusement malcommodes : passe-plat, chauffe-plat, garde-manger, étendoir à linge de plafond à poulie, poêle à bois et table roulante brinquebalante, accessoire vital pour parcourir les vingt mètres qui séparaient la cuisine de la salle à manger. Le plan de cet appartement était organisé comme au temps des domestiques mais le monde avait changé et la femme de ménage de Louis XVI, Colombienne, comme toutes les sous-locataires de son appartement du 6e arrondissement de Paris, réclamait désormais de l'électroménager moderne. Née en 1915, Louis XVI, tel un cheval qui refuse l'obstacle, rechignait à « jeter » et conservait tout jusqu'à l'impensable. Les vêtements de baptême de ses enfants, désormais âgés de plus de 50 ans, étaient encore soigneusement pliés dans des sacs plastique et rangés au fin fond de l'imposante armoire de la lingerie.

La chambre de Catherine était occupée par une étudiante, Colombienne elle aussi. Quant à celle d'Henri et de son petit frère, elle était investie par un roulement de Sud-Américaines en licence à la Catho. Arthur avait donc investi le petit salon depuis lequel on apercevait les grandes portes austères de l'église Saint-Thomas-d'Aquin.

Il s'était recréé une nouvelle bande de chiens fous constituée majoritairement de cancres magnifiques rencontrés dans sa boîte à bac. Ses amis s'appelaient désormais Tu Lèches, un garçon d'une beauté digne d'une statue grecque, Les Brothers, un duo de frères corses attachants, Le Milanais, toujours vêtu de costumes *made in Italy*, Kit Kat, orpheline de père et de mère, élevée par une grand-mère devenue lesbienne sur le tard avec une jeune femme rencontrée à la Croix-Rouge française après-guerre, et puis Toscan, un vieux copain de pension qu'il avait retrouvé dans le Berry.

Toscan était un loup alpha qui s'ignorait encore.

Deux alphas dans une même meute, ça ne pouvait faire que des dégâts. Arthur et Toscan passeraient les dix années suivantes à chasser, fumer des joints, prendre du LSD, retaper des vieilles bagnoles, les revendre, sortir et draguer les filles. Aujourd'hui, s'ils se croisaient, ils se cracheraient dessus.

Aurore questionne Arthur.

« Pourquoi tu ne le vois plus, Toscan ? C'était ton plus grand ami.

— Et ton plus grand amour...

— C'est vrai. Il voulait qu'on se marie. Je me suis vue femme de banquier qui passe ses après-midi à choisir la couleur des rideaux et la marque de la prochaine bagnole, je me suis enfuie. »

Arthur hurle de rire.

« Ça me rappelle ce que les gars du coin disaient de toi à la chasse : “Aurore, elle est comme sa mère, tu peux la cadrrrrer mais tu peux pas la drrriver.”

— Il y a dix ans, il est revenu me chercher. On est partis une semaine tous les deux, téléphones coupés, personne ne savait où on était. Il voulait divorcer mais j'ai dit non. Sa femme est Australienne, elle allait retourner vivre dans son pays avec les enfants. Je ne crois pas qu'il l'aurait supporté. Et je ne me le serais jamais pardonné. Il a continué à m'appeler, il s'est fait choper et on ne s'est plus jamais reparlé. »

Aurore repense au jour où elle a aperçu Toscan pour la première fois ; à cette accélération du cœur qu'elle avait ressentie, cette sensation d'avoir trouvé l'âme sœur. C'était à la Charretterie, quelques années après la mort d'Anatole. Il avait fait son apparition un après-midi, à cheval, sous le porche de la maison de Joseph. Jeune, mince et bronzé, en maillot de bain, torse nu, perché sur une monture gigantesque ; à ses pieds, des claquettes. À la commissure droite de sa lèvre inférieure, vestige d'une battue au cours de laquelle il s'était fait perforer la joue par les bois d'un cerf, une balafre. Stigmate d'une chute de cheval sur un chemin de forêt pavé de pierres, une brûlure recouvrait sa main droite. Aurore ne l'avait plus revu jusqu'à ce jour d'hiver glacial où Arthur, âgé maintenant de 21 ans et elle de 16, l'avait traînée à une chasse au fin fond de la Sologne. Elle s'y ennuyait ferme mais que faire d'autre dans cette campagne de misère où le désœuvrement fait loi et où les souvenirs macabres vous tordent l'estomac ? « La journée on s'emmerde, le soir on a peur », comme disait Audiard.

Au triple galop sur un étalon noir, Toscan avait surgi de la forêt, vêtu d'une culotte de cheval en velours bleu foncé et d'une chemise blanche éclatante au col enserré d'une cravate. Des bottes de vénerie remontaient jusqu'en haut de ses cuisses.

Il avait sauté de sa monture, couru vers le bord de l'étang, grimpé dans une barque à peine étanche, ramé comme un fou et saisi à pleines mains les bois d'un cerf qu'il poursuivait depuis des heures et qui tentait de survivre dans un élan désespéré. Toscan avait attrapé la dague qu'il portait à la ceinture et servi l'animal au milieu de l'eau verte. Une mare de sang entourait son radeau de fortune dans un cercle parfait. Cette démonstration de virilité avait laissé Aurore immobile et muette au milieu des bruyères rougies par l'automne, des cris des chiens qui attendaient la curée, langues pendantes, de l'odeur des chevaux au poil luisant de transpiration et aux rênes recouvertes d'écume. Dans la moiteur d'une fin de journée d'hiver en forêt, leurs naseaux répandaient une fumée opaque qui l'avait transporté dans le *Barry Lyndon* de Stanley Kubrick.

Toscan avait attrapé le cerf par les bois, l'avait placé en amazone sur sa barque de fortune et ramé jusqu'à la rive. Cinq ou six hommes, vêtus de kaki de la tête aux pieds, avaient déposé l'animal sur la berge couverte de mousse et de feuilles mortes. La bête reposait face contre terre, avant son dépeçage. Ensuite, on lui retirerait la peau d'une patte pour la tresser et l'offrir à l'invité choisi. Puis l'animal serait recouvert de son chagrin pour être digne des honneurs.

Aurore avait pensé à Peau d'Âne tandis que les hommes en kaki tentaient de retenir les chiens bavant devant la bête sanguinolente. La peau du daguet soulevée, la meute s'était jetée sur sa dépouille, se battant pour arracher à coups de croc un morceau de chair du cadavre. On les séparait à coups de fouet. Une odeur de sang chaud et de panse en digestion avait envahi les bois tandis qu'Aurore perdait connaissance.

Elle s'était réveillée à l'arrière d'une voiture, coffre ouvert. Un panier de pique-nique empestant le saucisson à l'ail avait achevé de lui donner le vertige.

« Tu sais qu'il a divorcé. Mais inutile de le rappeler, il s'est déjà remis avec une "redede".

— La consanguinité est un fléau ! Tu ne m'as pas répondu. Pourquoi vous avez cessé de vous voir ?

— Je lui ai emprunté de l'argent, 10 000 balles, je ne lui ai jamais rendus. »

C'est une de ces choses qui ne lui avaient jamais été inculquée : l'argent emprunté, ça se rend. De l'argent, ses parents en avaient pourtant, mais pas lui. Pas ou peu d'argent de poche, une éducation à la dure. On est toujours le pauvre de quelqu'un, Arthur était le pauvre de Toscan.

Il laisse planer un long silence puis il reprend.

« Et puis, tu sais, il y a cette histoire... Les parents de Toscan étaient invités au même réveillon que les parents de Manu. Et, en plein milieu de la soirée, le père de Toscan s'est enfui avec la mère de Manu. Ils ne sont réapparus, tiens-toi bien, que dix jours plus tard sans explications. Un coup de foudre apparemment, une folie, une envie de tout balancer... »

Aurore n'avait jamais entendu parler de cette anecdote ; mais Toscan, lui, ne la connaissait que trop bien. Dès lors, la bande des chiens fous était devenue pour lui et pour toujours synonyme de honte, celle d'être le fils d'un homme capable de faire subir une telle humiliation à sa propre femme.

Tous deux pensionnaires à Châteauroux avant la mort d'Anatole, Arthur et Toscan y avaient rencontré tout le gratin du Cher, dont les ravissantes sœurs de Châteauroux : Solène et la fameuse Patricia. En pension, Arthur et Toscan faisaient déjà le mur avec leurs compagnons de chambrée.

Ils quittaient leur dortoir en sous-vêtements à la nuit tombée, chaussures à la main, et glissaient à califourchon sur la rambarde des escaliers pour ne pas faire de bruit. La descente avait raison des élastiques de leurs caleçons et ils finissaient leur glissade, la peau des couilles à même le bois ciré. Le lendemain, ils riaient de voir leurs camarades attraper le garde-corps à pleines mains pour rejoindre leurs salles de classe.

Les membres originaux de la bande des chiens fous avaient peu à peu cessé de se voir. Désormais il y avait cette tragédie entre eux qui avait achevé de rompre les liens d'amitié qui les unissaient depuis l'enfance. Arthur continuait ses allers-retours dans le Berry, il avait du mal à lâcher cette région où son frère avait perdu la vie. Traîner dans le Cher était une façon de rester près de lui. Ne plus y aller, c'était l'abandonner à l'oubli. Arthur menait sa vie, un peu comme avant, dorloté par Joseph, son bâton de pèlerin, son disciple.

Ce n'est qu'à la grande époque des rallyes, quatre ans après la disparition d'Anatole, que les chiens fous s'étaient retrouvés. Les rallyes : ces soirées où la bonne société inscrivait sa descendance pour qu'elle fasse les meilleures rencontres possibles et assure une continuité radieuse à sa lignée. Il fallait être coopté pour y entrer et afficher un pedigree irréprochable. À la manière des écuries de Formule 1, une hiérarchie s'établissait entre les différents raouts dont le haut du panier était tenu par les têtes couronnées ; venaient ensuite les enfants à particule sans faits d'armes majeurs, les enfants de diplomates et enfin la bourgeoisie argentée. Selon leurs moyens et leurs relations, les parents réservaient châteaux, salles de bal ou restaurants étoilés splendides et surannés pour la réception de leurs filles. Sur les cartons d'invitation figuraient leurs éventuels titres de noblesse et ceux de leurs parents et arrières grands-parents. Tous les enfants membres du même rallye que la jouvencelle étaient conviés ; une liste parallèle restreinte était tolérée laquelle ne devait pas excéder 10 % du total pour se prémunir des incrustes et du mélange de genres. Filles de veuf sans particule, Aurore et Adèle ne faisaient pas partie du gratin et Adèle avait atterri dans un pince-fesse au rabais. À défaut de louer un château, leur père avait privatisé une boîte de nuit du 11e arrondissement de Paris pour la réception d'Adèle. Tel un videur, il s'était posté à l'entrée du club et ne laissait entrer que les jolies filles. Les mères, organisatrices de ces bals de débutantes, prévoyaient dans leurs devis une bouteille de champagne pour six et pas d'alcools forts ; Henri avait commandé une bouteille de champagne pour trois, de la vodka et du whisky.

Totalement ivre, la jeunesse des beaux quartiers transpirait à grosses gouttes dans ce club kitschissime sans aération, où les retraités du quartier ciraient le plancher les dimanches après-midi en enchaînant des paso doble.

Installé au bar, Henri flirtait avec les mères de famille, terrorisées à l'idée de laisser leur progéniture vêtue de robes de taffetas dans ce quartier populaire qu'elles n'avaient vu qu'à la télé, lors des manifestations étudiantes. Au centre de la piste et de l'attention : Arthur, exécutant des pas de danse avec grâce et décontraction.

Cravate au vent et mèche de cheveux trempée de sueur, il virevoltait au-dessus du parquet tournant sur lui-même pour atterrir en grand écart aux pieds des filles en pâmoison et de leurs mères apoplectiques devant ce John Travolta à particule. Quand Arthur dansait, le temps et les conversations s'interrompaient. On redoutait sa vitesse, on craignait qu'il se blesse, il était sans limites, il fascinait et dérangeait, il semblait ailleurs.

Pour Aurore, investir les soirées où elle n'était pas conviée, c'est-à-dire toutes, représentait le comble de l'insolence. Sur les conseils d'Arthur, elle avait feint une crise d'hypoglycémie pour franchir l'entrée d'un château entouré de douves où avait lieu le plus chic des rallyes : le Louise de Turckheim. Elle avait passé le service d'ordre, allongée sur un brancard, moulée dans une robe jaune ras-la-salle-de-jeux, épaules nues, chevelure sauvage, trimballant désormais une féminité arrogante. À son chevet, Arthur feignait la panique.

Une demi-heure plus tard, coupette en main, Aurore se déchaînait sur la piste de danse au milieu de la jeunesse dorée pratiquant un rock saccadé dont la particularité était de se danser bras tendus. Une chorégraphie de peine-à-jouir, avait-elle toujours pensé, que ces enfants gâtés pratiquaient en smoking et robe de bal sur « Enola Gay » d'Orchestral Manœuvres in the Dark sans soupçonner ce que cette chanson dénonçait : la première catastrophe nucléaire, Hiroshima. Sans doute ignoraient-ils aussi, en se trémoussant par deux sur « Pride » de U2, hurlant « *in the name of love* » en s'envisageant comme de futurs époux, qu'il s'agissait d'une déclaration d'amour à Martin Luther King. Connaissaient-ils du reste, sous ces fontaines de champagne et ces lambris, les combats de Martin Luther King ? Tout ce dont ils étaient certains, c'est qu'ils feraient du commerce ou de la finance, qu'ils auraient de l'argent, du pouvoir, une résidence secondaire, de beaux bambins, une jolie femme et d'agréables vacances.

C'était la perception qu'Aurore avait de son éducation, une vie baignant dans un brouillard épais où l'on ne parlait jamais de ce qui valait vraiment la peine d'être dit et décortiqué. Elle avait parfois pensé, en regardant par la fenêtre de la voiture de son père qui la conduisait à Dun-sur-Auron, que ces champs berrichons, les gens qui y habitaient, ceux qu'elle y côtoyait, que toute cette organisation n'était qu'une mise en scène, un monde ouaté fabriqué de toutes pièces. Les gens y étaient des figurants programmés pour lui faire subir un voyage initiatique qui mettrait sa clairvoyance et son courage à l'épreuve. Ça ne pouvait pas être cela la réalité, voir ses proches mourir et souffrir sans jamais en parler, traverser l'existence sans s'intéresser à la partie du monde qui ne vous ressemble pas, ça ne pouvait pas être ça, cette folle aventure qu'on appelle « la vie ». Ça n'aurait jamais dû être cela.

Penser faire partie de l'élite alors que l'on est simplement privilégié. Penser que le monde entier est peuplé de gens comme soi. Penser sortir de la cuisse de Jupiter alors qu'on vit dans un ghetto coupé de ses congénères. Observer le monde de haut, vivre dans une époque que l'on n'ose regarder en face et dont on refuse de percevoir les métamorphoses. Vivre la tête dans le guidon. C'était donc ça la bourgeoisie qu'elle connaissait, une vie où l'on ne parle jamais d'argent tout en ne pensant qu'à cela. Une vie où les enfants n'ont qu'un devoir : réussir sans se poser la question de la misère sur laquelle ils prospèrent.

Désormais, quand Aurore voyait quelqu'un danser ce rock sans charme, elle savait qu'il en était. C'était un signe de reconnaissance, d'appartenance, comme l'était le langage de ce milieu replié sur lui-même. Pas de « bon appétit », pas de « des fois », pas de « ce midi », pas de « bonjour » suivi de rien, pas de « par contre » et jamais d'« enchanté ».

Aurore n'avait jamais compris les codes étriqués de son milieu mais elle les connaissait et les maîtrisait. Ils transpiraient d'elle, à son insu. Quand elle se faisait traiter de bourgeoise, elle avait toujours un moment de stupeur. En apparence, elle l'était, c'était son pedigree, mais sous sa peau, gisait un champ de ruines. Tout la brûlait et lui faisait mal. Elle apprenait la légèreté, la frivolité, elle s'y essayait sans que rien dans son existence ne l'y prédispose. Depuis ses 7 ans, elle était devenue un être grave. Un cœur d'adulte dans un corps d'enfant qui voyait tout et ne parvenait pas à modifier les contours de son petit décor étouffant.

Elle rêvait de défaire les coiffures de ses tantes, de déchirer leurs tailleurs en laine, d'essuyer leurs lèvres trop peintes, de tirer le tapis de leurs convenances, de faire descendre leurs voix de tête pour entrapercevoir enfin les cœurs, les fantaisies, de retirer les apparats et de toucher l'os.

En 1997, elle vivait désormais seule avec son père, fraîchement divorcé. Livrée à elle-même, Aurore fréquentait Rachid et Sofiane, deux copains de bringue rencontrés avec Mélodie Pasquier. Assis en tailleur autour d'un cendrier sur la moquette de ce parquet à moulures en partie vidé de ses meubles par La Principessa, ils refaisaient le monde en fumant des Marlboro Light. Henri était rentré à l'improviste, il leur avait adressé un regard furibard et les avait salués sans chaleur. Les garçons partis, il était venu voir Aurore avec toute la froide autorité dont il était capable.

« Quand je rentre chez moi, j'aimerais bien ne pas trouver toute la banlieue dans mon salon. »

Telle une Pasionaria, Aurore était montée sur ses grands chevaux.

« Sofiane s'occupe d'orphelins à la DDASS. Rachid travaille et fait vivre toute sa famille. Et toi, papa, qu'est-ce que tu fais pour les autres ? »

Les dents serrées, Henri était parti faire la gueule dans un recoin de son sept-pièces déserté de la majeure partie de ses habitants. Le lendemain il était venu la voir, penaud.

« Pardon pour hier. J'ai de la chance de vous avoir, ta sœur et toi. Sinon, je serais vraiment devenu un vieux con. »

Aurore avait pensé qu'elle avait elle aussi une chance inouïe d'avoir un baby-boomer de père capable de présenter ses excuses à sa fille de 17 ans.

À la même époque, sa sœur Adèle faisait du timeshare en Espagne, où elle vendait des appartements en copropriété. Aurore l'y avait rejointe l'été de son bac. Elles tapinaient en short sur la Costa del Sol pour faire « monter » des couples de touristes dans les bureaux d'une agence immobilière qui vendait des appartements sur plan. Cinquante euros pour un couple qui visite un appartement témoin. Commission de 10 % s'il achète. Tous leurs collègues et amis étaient marocains ou algériens. Il fallait que les boomers des beaux quartiers s'y résolvent : le monde avait changé et il continuerait de le faire avec ou sans eux.

C'est ce nouveau monde qu'Aurore allait renifler, mineure, au Palace, temple de la nuit passé de main en main depuis sa création en 1978 alors qu'elle n'avait que 4 ans. Prétextant des révisions chez une copine, elle partait avec son baluchon, se changeait en cachette dans les escaliers de son immeuble et s'en allait fendre la nuit, vêtue d'un pantalon à imprimés léopard et d'une veste en vinyle perforée, perchée sur des bottines à plateforme de dix centimètres. Autour du cou, de vieux colliers *seventies* hérités de sa mère. Calfeutrée derrière les voilages de sa loge, la gardienne épiait Aurore, fuguant vers la mythique boîte de nuit du faubourg Montmartre où aristos, Noirs, bourgeois, Arabes, chômeurs, intellos, top models, homos, artistes, trans et chefs d'entreprise se sapaient pour aller danser et se mélanger. Devant l'établissement, la physionomiste disséquait les tenues et les attitudes. Seule condition pour entrer : le style. Smokings de seconde main, robes à paillettes, débardeurs sous perfectos, déguisements... Tout y était permis mais surtout : pas de baskets ! Aurore se postait devant la présidente du tribunal de l'arbitraire avec son regard qui disait : « Le jour j'ai envie de crever, la nuit je survis ! » – et elle entrait partout : Palace, Queen, Boys, Folies Pigalle... Les mauvais soirs, la physio peroxydée des Bains-Douches l'accueillait d'un ton lapidaire : « T'es qui ? T'es combien ? Tu connais qui ? C'est pour quoi ? Rentrer ? Ben vas-y mais chez toi. » Mais elle entrait quand même.

Ces lieux mixaient musique, gens, et genres. Aurore y avait découvert « African Reggae » de Nina Hagen, dansé sur Guy Cuevas, et s'était extasiée devant la fantaisie gay et la beauté sidérante des personnes transgenres. Sa planète existait et elle l'avait trouvée.

Sur son bureau trône encore un morceau du parquet du Palace, vestige de la *demolition party* où elle avait essuyé des larmes de nostalgie. Après moultes tractations au tribunal de commerce, le lieu deviendrait un théâtre de divertissement.

Dans sa jeunesse, la fête lui avait toujours semblé être un acte politique, mais entre-temps la directive avait basculé. Désormais, le commandement était le suivant : se divertir jusqu'à l'écœurement.

À 45 ans, elle désespérerait de trouver des endroits de cette trempe à Paris et observerait, amère et désolée, la gentrification de sa ville, bondée de clones en Stan Smith.

Tandis qu'Aurore se fondait dans l'univers du *clubbing* les membres de la bande des chiens fous s'anesthésiaient à grand renfort de LSD, d'ecsta et cætera.

De retour à sa table de cuisine, face à Arthur, Aurore décide de lui poser la question qui fâche, la question qui tue :

« Quand et comment "le diable" est entré dans ta vie pour la première fois ? »

C'était au cours d'une de ces soirées de rallye que son cousin avait fait la rencontre qui gangrènerait sa vie. Elle s'appelait Corinne, elle était blanche, forte, exaltante, elle se tapait, elle se fumait, elle se sniffait, c'était la cocaïne.

À l'Automobile Club, place de la Concorde, où se donnait un bal costumé, l'aboyeur avait annoncé l'arrivée d'Arthur comme celle de tous les invités : « M. le comte Arthur de Mirandelle de Mézieux. » Arthur avait fait son apparition, déguisé avec l'habit de l'aide de camp du général de Gaulle trouvé dans le château sancerrois de son ami Joan de Bluval.

Étudiant en BTS Action Co à Bruxelles, Joan avait rapporté de la poudre en provenance directe de Belgique. Sa deuxième rencontre avec Corinne, Arthur la situe dans la 4L beige de Tu Lèches, qui les menait à une autre de ces sauteries, chez Aude de Sorel, sa petite amie de l'époque. Arthur avait sniffé un gramme de poudre d'un trait.

« Il y a cette sensation d'anesthésie générale qui m'a immédiatement saisi. Je me souviens aussi de la tenue qu'on portait, Tu Lèches et moi, ce soir-là : des tee-shirts dégueulasses, tout simplement. La maîtresse de maison nous a foutus dehors. Le lendemain, Aude m'a quitté. Pas de rêve de robe blanche avec un énergumène dans mon genre... »

Le temps d'une soirée la même année dans le Berry, un 31 décembre, la bande originale des chiens fous s'était retrouvée. Arthur était invité à une fête, ils s'y étaient rendus à quinze. Ils appelaient ça « taper l'incruste » mais, dans ce cas précis, ça ressemblait surtout à une prise d'assaut. On leur avait refusé l'entrée, ils avaient montré leurs bouteilles de champagne.

« On a fait cinquante kilomètres, on ne peut pas repartir comme ça. C'est la nouvelle année après tout. »

Leurs bonnes bouilles avaient eu raison de la maîtresse de maison et, pour se venger, Lucky avait entrepris de déféquer dans les manteaux des invités. Betty, nouvelle venue dans la meute, avait pissé sur un canapé d'époque. Aurore l'avait vue soulever sa jupe boule en taffetas noir, baisser sa culotte et se vider à même la tapisserie. Elle avait regardé, estomaquée, cette jeune fille à particule uriner sur un canapé au milieu des lustres et des dorures. Aurore ne riait plus. À 3 heures du matin, la maîtresse de maison avait tenté de les foutre dehors, en vain.

« Nous sommes Danois. Là-bas, le 1er janvier, personne ne prend la route avant 6 heures du matin. »

Affalés au milieu du salon, les chiens fous riaient au nez de ces gens qui leur avaient ouvert leur porte. La fête prenait un goût amer. En grandissant, la bande ne s'était pas assagie, elle était devenue démoniaque.

Dans la foulée, Lucky, Betty et La Meule s'étaient inscrits à l'émission *Tourner manège*.

Ils avaient été sélectionnés. Le jour de l'enregistrement, Betty portait de grandes lunettes à la *Tootsie*, une longue robe à fleurs et un gilet de vieille fille en laine. La Meule avait des fleurs dans les cheveux, des lunettes à verres roses et une robe blanche de hippie. Lucky était le seul à être venu comme il était : pantalon beige, polo blanc, chaussures en cuir.

En pleine émission, Évelyne Leclercq avait donné la parole à une des potentielles prétendantes de Lucky. Sa question était la suivante :

« Vous êtes sur une plage nudiste et vous vous faites piquer par une guêpe à l'endroit le plus intime de votre anatomie. Que faites-vous ? a) Vous enlevez le dard tout seul, b) Vous demandez à quelqu'un de vous aider, c) Vous vous sauvez.

— Je demande à une jolie jeune fille de venir me pomper le dard… », avait-il répondu, hilare.

Le public était outré, la prétendante faisait mine de l'être. Évelyne Leclercq meublait comme elle pouvait.

Ils avaient tous été choisis. Les honnêtes participants, qui s'étaient inscrits à cette émission pour rencontrer quelqu'un, s'étaient retrouvés à passer la soirée avec un membre de la bande des chiens fous qui n'était pas venu pour trouver l'âme sœur mais pour se foutre de la gueule du petit peuple. Lucky avait tout de même honoré sa prétendante. C'était toujours ça de pris.

Âgé de 20 ans désormais, Arthur ne savait que faire de sa vie, il portait une culpabilité telle qu'il lui était pratiquement impossible d'avancer sereinement dans l'existence, d'avoir des désirs, des envies.

De retour dans le salon d'Aurore, Arthur lui relate une de ses soirées d'errance dans le Berry où il s'était rendu au Number One, seul. Au bar, le patron l'avait interpellé.

« Arthur ? Ça faisait longtemps qu'on t'avait pas vu. »

Pimenta, qui se trouvait au bar, s'était tourné vers lui.

« C'est toi, Arthur ? C'est à cause de toi que j'ai eu trois mois de retrait de permis ? »

Ces mots qui bafouaient la mémoire de son petit frère, mort pour rien, étaient comme des orties qui lui giflaient le cœur et, en un instant, Arthur s'était jeté sur lui. Ils avaient été sortis manu militari par les videurs. La bagarre avait continué sur le parking, Pimenta tabassant Arthur tandis que l'autre lui enfonçait ses pouces dans les yeux et parvenait à le mettre à terre. On les avait séparés.

« Sinon je l'aurais tué, de mes propres mains. »

Quelques années plus tard, Pimenta renverserait une mère et sa petite fille dans le même état d'alcoolisme avancé. Elles en étaient ressorties gravement blessées. Et puis, un soir, seul dans sa voiture, Pimenta s'était tué, devant La Roseraie, à l'endroit même où Anatole avait perdu la vie.

Arthur s'était mis à pratiquer frénétiquement la boxe française. À 19 ans, il avait participé au championnat d'Île-de-France. Il lui fallait à tout prix canaliser cette tristesse devenue violence, encouragée par un père qui n'avait pas digéré sa guerre d'Algérie et dont il avait retenu trois commandements : souffrir, servir, obéir.

Tobie avait une entreprise de nettoyage dans laquelle il employait du personnel issu de l'immigration. Aurore l'avait entendu cent fois dire « bicots », « négros » et autres surnoms intolérables hier comme aujourd'hui. Dans la vraie vie, loin des regards de son milieu, ses employés étaient ses amis. Il était populaire, tout le monde l'aimait, sans doute parce qu'il parlait droit et faisait des blagues que plus personne n'osait faire. Au bar où il avait ses habitudes, dans la périphérie d'Amiens, les Rachid, les Belkacem, les

Nabil étaient ses compagnons. Tout comme les Nicole, les Sylvie, les Sandrine et les Jean-Pierre. Ils grattaient les mêmes jeux, remplissaient les mêmes grilles de Loto, pariaient sur les mêmes montures au PMU. Au snobisme de son milieu, il avait toujours préféré les rapports simples et la franche camaraderie façon copains de régiment.

Tout son matériel militaire est encore entreposé dans le grenier du Diable Vauvert, où dormaient jadis les garçons : casques, gilets pare-balles, vestes de treillis, munitions, rangers, bérets rouges, toute la panoplie des paras qui faisait la fierté de cet oncle qui n'avait pas accompli grand-chose de sa vie.

Quelque temps avant la disparition d'Anatole, Aurore se souvient d'un retour de chasse où Tobie, qui ne tenait pas l'alcool, avait trop bu. Il était venu avec son ami Philippe voir les chiens fous qui glandaient en bande dans le grenier du Diable Vauvert. Il avait enfilé son attirail de para. Casque en fer sur la tête, veste et pantalon de treillis, il criait des injonctions militaires en titubant et se cognant contre les poutres en bois de cette pièce charpentée où il était difficile de tenir debout. Tout le monde riait tandis qu'Aurore voyait avec tristesse cet adulte rond jouer à la guerre sous le regard admiratif de ses deux garçons.

À tous les matchs de boxe d'Arthur, Tobie hurlait « Tue-le ! Tue-le ! » jusqu'à ce que le professeur de boxe lui intime de se taire et finisse par lui mettre une raclée. C'était un être tendre et doux, dont la violence surgissait sans prévenir.

Anatole était comme lui, enfant, colérique à l'excès, balançant chaises et tables du premier étage de La Brosse parce qu'il refusait d'obéir, de prendre son bain, de se laver les dents ou tout simplement de venir dîner. Cette colère alternait avec une gentillesse, une diligence, une vulnérabilité et un romantisme inouïs pour un garçon de son âge.

Mal aimés, c'étaient des êtres mal aimés qui subissaient une violence psychologique et verbale permanente et recevaient régulièrement des coups de ceinture de leur père et des claques de leur mère. Personne ne se parlait dans cette famille, tout le monde hurlait. Tobie et ses enfants se surnommaient « enculo ». Tout un programme.

Pourtant, leurs parents les aimaient, absolument, mais ils ne parvenaient pas à se pardonner le chaos de leurs existences et leurs vies amoureuses saccagées.

Toute sa vie, lorsqu'une décision engageante s'était présentée à elle, leur mère avait fait le choix du convenable. Elle s'était mariée avec un type de bonne famille, un bon gars. Elle aurait bien épousé ce beau Juif qu'elle adorait mais les parents du jeune homme s'y étaient opposés. Elle avait tous les attributs d'une coureuse. À leurs yeux, elle ne l'était pas – convenable. Ça, c'était la version officielle. La vérité se situait sans doute ailleurs, quelque part au fond de cette femme incapable d'assumer son originalité au sein d'un milieu qui portait les conventions au pinacle. Toute sa vie, elle avait fait des choix de tête à défaut de choix de cœur. C'est ainsi qu'elle avait épousé un aristo brûlé par la guerre, et qui vieillirait mal.

Arthur relate une scène glaçante à Aurore. Ils sont en voiture à Paris avec son père, boulevard Pereire. Huit années se sont écoulées depuis la mort d'Anatole. Un taxi les empêche d'avancer. Tobie se met à insulter le chauffeur et, en moins de deux minutes, il sort de sa bagnole, poing américain aux phalanges. Le chauffeur de taxi surgit de sa berline, prêt à en découdre. En un instant, il immobilise Tobie sous le regard d'Arthur qui saute par-dessus le capot de la voiture dans un mouvement à la *Starsky et Hutch* pour laminer le chauffeur par séries de balayettes. À l'époque, il lève les jambes jusqu'à deux mètres. Tobie en est ivre de fierté.

« Tu es mon fils, t'es super ! »

Pour toute réponse, Arthur le gifle.

« Ne me remettez plus jamais dans des situations pareilles. J'en ai ras le bol ! »

Arthur vouvoie ses parents.

Aurore a déjà assisté à des échanges de cet ordre : « Maman ! Vous me faites chier ! Vous fermez votre gueule ! »

Cette distance, implicite au vouvoiement, autorise tous les dérapages.

Le Phénix confie à Aurore qu'il entendait sa mère grimper aux rideaux avec son nouveau mari, que ça le gênait de participer à cela malgré lui. C'est vrai, après tout : on vouvoie sa mère, femme corsetée dans les faux-semblants, la rigueur et les bonnes manières, et on l'entend hurler de plaisir à la nuit tombée.

Il y a de quoi devenir fou. Il l'était devenu.

7.

Le retour du refoulé

Avant la mort de la baronne, Adèle et Aurore, âgées respectivement de 31 et 28 ans, n'étaient jamais revenues dans l'église de province où avait été enterrée leur mère. Elles avaient cru l'enterrer une deuxième fois. Même caveau, même punition.

Des spasmes avaient agité le corps d'Aurore en apercevant l'église, elle ne parvenait plus à respirer et s'étranglait de larmes surgies de très loin, de nulle part. Son cerveau ne se souvenait de rien ; son corps avait tenu les comptes, il se souvenait de tout.

Lorsque ce serait son tour, avait-elle pensé, il faudrait choisir son camp : être enterrée auprès de son père, qui lui avait tout donné, dans le centre de l'Hexagone, près de Louis XVI et d'Anatole qui y reposait déjà, ou auprès de sa mère, dont l'absence aurait plané sur toute son existence ? Dilemme cornélien qui ne pourrait se résoudre que par l'incinération. Un peu d'elle a côté de son père. Un peu d'elle à côté de cette mère qui l'avait mise au monde et qui demeurait sa plus grande énigme, son plus précieux mystère. Être une équation à une inconnue.

Sans doute les gardiens du château de la baronne étaient-ils là eux aussi, pleurant dans un coin de ce sanctuaire, retranchés à l'arrière et à l'écart de la haute société réunie dans cette église de province glaciale qui, enfants, leur semblait immense mais était en fait si petite.

Une vieille femme avait arrêté Aurore dans le cortège.

« Vous êtes la fille de Rose. Vous marchez comme elle, vous vous habillez comme elle. J'ai cru la voir en vous voyant... »

Ça lui avait fait plaisir de savoir que quelqu'un, quelque part, une inconnue, se souvenait de sa mère, et elle avait eu le sentiment d'être la fille d'une femme importante, d'une femme qui avait marqué par sa beauté, sa gentillesse et sa classe naturelle. Du vivant de la baronne, Aurore s'était mise à essayer de ressembler aux portraits qu'elle avait d'elle. Grands chapeaux, grands manteaux, grandes bottes, longues robes en soie imprimées, costumes d'homme. Pour elle, le chic, c'était sa mère. Et l'inconnue lui apportait enfin la preuve que Rose avait existé.

Tout comme l'église leur avait semblé minuscule, le château où elles n'avaient jamais remis les pieds depuis quinze ans n'avait plus le faste, le charme et la grandeur de leurs souvenirs. Les objets et les meubles de leur grand-mère avaient chacun été marqués par le notaire d'une pastille de couleur : vert pour Daniel, bleu pour Clebs, jaune pour Gérald, violet pour Alain, blanc pour Bertrand, orange pour Adèle et Aurore. Des charognards affamés qui viennent piller la demeure de la trépassée.

Adèle et Aurore avaient salué Bertrand poliment, il ne leur avait pas adressé la parole. Elles avaient demandé à recevoir les meubles et objets de leur mère. Personne ne leur avait répondu. Elles n'étaient personne.

Feignant l'indifférence, elles s'étaient remémorées ce jour où, avec leur cousine, elles avaient convié leur baronne de grand-mère à prendre le thé dans une cabane au fond des bois. Elles avaient récupéré deux vieux fauteuils de bagnole pour faire salon dans le fournier où les gardiens du château remisaient leur fourbi.

Au menu : Nesquik et jaunes d'œufs dans une gamelle rouillée, et thé dans des cadavres de Kro. La baronne était là, engoncée dans son manteau de fourrure, prête à partir au bridge, les fesses coincées dans un fauteuil en skaï crevé dont la mousse trempée rejetait un liquide noirâtre dès que l'on s'y asseyait. Leur grand-mère observait, consternée, leur cachette de romanichels. Dans sa tête devait se tramer ce genre de raisonnement : « J'ai un château et mes petites-filles préfèrent passer leurs journées dans un décor de décharge ! »

Chez les aristos dans leur genre, l'argent n'avait jamais pu tenir lieu de valeur, ils en avaient toujours manqué. La baronne possédait particule, titre et château, mais elle n'avait jamais eu un rond pour chauffer sa forteresse, en refaire la toiture et nourrir ses six enfants avec autre chose que des pommes de terre.

Des cousins éloignés et fauchés comme la baronne étaient même allés jusqu'à organiser des visites payantes de leur lieu de vie pour financer la rénovation de la propriété au bord de l'éboulement. De la grand-mère aux petits-enfants, toute la famille se déguisait en seigneurs et vassaux, montrant leur citadelle croulante aux touristes de passage. Une pièce de théâtre lamentable clôturait ce spectacle indigne d'une MJC.

Au cours d'une de ces représentations, une des tantes était tombée dans le trou du souffleur, se brisant le col du fémur. De cette parente éloignée, Aurore n'avait gardé que le souvenir de son odeur, la naphtaline qui imprégnait ses vêtements mangés aux mites colonisant les placards de son vieux palais.

Aux propriétaires du château, Adèle et Aurore avaient toujours préféré ses gardiens, Madeleine Lucien, Lucien Lucien et leur fille Nadine Lucien. Lucien était un enfant de la DDASS et, comme il n'avait pas de nom de famille, on l'avait appelé Lucien Lucien. Des posters de Claude François et de Johnny Hallyday recouvraient les murs de la chambre de Nadine, le cheveu blond et filasse, qu'elle lavait au savon. Sous le poste de télévision, trônant au milieu de leur cuisine, siégeait un napperon en dentelle blanche, détail propret dans cet univers qui sentait la friture et la misère. Fraîchement sorti de taule, Didier, le fiancé de Nadine, était la bête noire de la châtelaine, qui craignait pour ses bibelots et son argenterie. Didier n'arrangeait rien en arrivant systématiquement au château par un dérapage au frein à main dans sa R5 GTI customisée qu'il garait devant la loge des Lucien, tel un butin ou une dot. La baronne ouvrait la fenêtre du salon du premier étage et hurlait comme une poissonnière : « Bonté ! Mon gravier ! »

On aurait dit que la concierge du château, c'était elle.

La Madeleine, immanquablement vêtue de blouses synthétiques fleuries qui lui arrivaient au genou et de mi-bas chair sciant ses mollets constellés de varices, léchait ses doigts et grattait ses boutons, les recouvrant de salive comme d'un antiseptique. À ses pieds, des chaussons usés dont l'avant était brodé de fleurs.

Le crâne chauve de Lucien était couvert d'une casquette en tweed qui protégeait sa figure rougie par le vin et le soleil bourguignon. Une paire d'yeux bleu tendre, un nez spectaculaire où de grosses veines dessinaient comme une carte de transports ferroviaires, achevaient cette face qu'Aurore aurait aimé savoir peindre. Pour Aurore, enfant, le visage de Lucien, c'était comme un tapis d'éveil. Sa marotte tenait à lui enlever son couvre-chef pour toucher son crâne chauve et doux comme des fesses de bébé. Dès qu'il revenait du village, sur sa meule qui montait à peine à vingt-cinq kilomètres à l'heure, ralentie qu'elle était par le surpoids de son propriétaire, elle accourait pour avoir un bonbon. Lucien Lucien s'arrêtait devant sa loge et sortait un litron de rouge en verre quatre étoiles et un bâtard de ses sacoches en cuir. Puis il plongeait ses mains dans les poches de son veston en velours élimé et lui tendait un petit rectangle entouré de papier jaune : un Malabar.

Le gendre infernal, vêtu de chemises à carreaux portées les manches courtes et serrées, avait des avant-bras forts, tatoués et bronzés façon camionneur. Avec son haleine de fumeur de brunes, Didier bécotait sa Nadine et lui tripotait les seins, qu'elle portait nus sous son tee-shirt à l'effigie de Johnny Hallyday.

Accroché à un arbre, le chien des Lucien hurlait à la mort. Sa chaîne percutait sa gamelle en fer toute la sainte journée et faisait un bruit de bagnard qui ne semblait déranger personne.

Quand les Lucien s'étaient mis en tête d'avoir une douche et le téléphone, la baronne était tombée de son fauteuil Directoire. Elle avait appelé la terre entière, dont le père d'Aurore, pour lui dire de sa voix criarde : « Vous ne connaissez pas la nouvelle ? Les Lucien, ils veulent une douche ?! »

Elle vivait dans le passé, sur les décombres d'une grandeur déchue. Alors, pour se raconter une vie qu'elle n'avait plus, elle faisait du théâtre. Son château était une salle de jeu dont les tableaux cloués aux murs inspiraient à Aurore des personnages tantôt chevaleresques et flamboyants, tantôt pathétiquement rigides et figés.

Il y avait des têtes de paons peintes sur les murs en pierre de l'escalier du château. Les paons, les armes de cette famille. Trois têtes pour signifier l'orgueil, la haute opinion de soi, cette façon de crâner sans en avoir les moyens et ce braillement d'oiseau à plumes chatoyantes qui rappelle la voix de leur châtelaine de grand-mère. L'aristocratie qu'Aurore connaissait, c'était celle des grands sentiments, qu'ils soient cruels ou joyeux, tout y était trop grand : la taille de ses oncles, leurs mains, leurs pieds, leurs rires, leurs colères, leurs étreintes et leurs disputes, leur appétit et leur ivresse.

En regardant par la fenêtre du salon, Aurore revoyait la bagarre qui avait éclaté un après-midi de 1980 entre les deux frères aînés de sa mère, une bagarre dont tout le monde avait oublié l'objet, même les intéressés. Du haut de ses 6 ans, Aurore avait vu une horloge comtoise de deux mètres passer par la fenêtre du premier étage du château et atterrir devant elle, dans les plates-bandes où elle disséquait méthodiquement gendarmes et scarabées. Quelques secondes après avoir touché le sol, l'horloge s'était désossée en soulevant un nuage de poussière, dans un vacarme digne d'une scène de western où les objets semblent avoir été programmés pour se briser avec panache.

L'Émile Louis des insectes qu'Aurore était alors passait ses vacances au château sans surveillance, à manger des vers de terre contre de l'argent. Dix francs le ver de terre, quinze francs la limace et vingt francs pour dévaler à vélo, à fond et sans freiner, la descente du domaine.

Errant à travers les pièces du château en quête de ses meubles marqués de pastilles orange, les souvenirs se bousculaient dans la mémoire d'Aurore qui se revoyait enfant, prête à s'élancer sur son bicloune rouillé dans la pente pleine de trous, d'orties et d'herbes hautes sous le regard de la famille Lucien, assise en rang d'oignons sur des chaises en plastique blanc, Kro à la main. Ils l'encourageaient en criant comme au passage de la caravane du Tour de France.

« Vas-y, Aurore ! Comme Poulidor !

— Va pas te casser quequ'chose, dis !

— Et il freine, ton bicloune ? »

Prête à tout pour les impressionner, Aurore dévalait la pente, manquant de se casser une jambe, voire de se tuer, et atterrissait en étoile dans les buissons sous les hourras des Lucien, sa recette en poche. Sa grande sœur Adèle avait été moins chanceuse : un bout de selle en fer rouillé était entré dans sa cuisse droite et elle avait été recousue par le vétérinaire des Deux Meules, les fermiers d'en face. À 50 ans, elle en garderait une cicatrice boursouflée que les années n'avaient pas effacée.

Mme Deux Meules, un mètre au garrot, des mollets comme trois fois leurs cuisses d'enfant, une bonne bouille aux grosses joues rouge écarlate illuminée d'une paire d'yeux gentils et malins, fabriquait une faisselle maison et sa double crème qui sentaient le pis de la vache. Des fenêtres du salon du château de sa grand-mère, Aurore s'était mise à regarder, avec ses yeux d'adulte, la prairie et la ferme des Deux Meules au loin. Dans sa bouche avait immédiatement surgi le goût de leur fromage dense et blanc, légèrement farineux, et de sa double crème, épaisse et suave, couleur jaune riche. Elle pouvait encore se rappeler le plaisir que suscitait la rencontre de ces deux textures sur leurs langues de gosses. Une extase du palais inégalable, inégalée.

La baronne pratiquait quant à elle une cuisine opulente, à l'extrême opposé de la rudesse de sa personnalité. Des boules, sortes de beignets au fromage cuits dans l'huile, une confiture aux poires du jardin à se damner, des rissoles, du bœuf carottes, des gâteaux marron-chocolat, du pain de viande, du pain de saumon… Aurore et Adèle rentraient de leurs vacances au château dodues comme des porcelets.

Comment cuisiner avec un tel faste quand on est à ce point pingre et sèche ?

Ces souvenirs de grande bouffe avaient guidé Aurore vers la cuisine, où elle s'était mise à fouiller à l'insu de ses oncles pour retrouver et subtiliser le livre de recettes de la baronne, qui lui donnerait le pouvoir de restituer avec exactitude les goûts et saveurs de son enfance.

La porte de service de la cuisine donnait sur l'escalier qui menait à la loge des Lucien, et il semblait à Aurore que la voix de crécelle de sa grand-mère y résonnait encore. Elle l'entendait appeler sa marmaille pour le bain, ulcérée de savoir ses petites-filles toujours fourrées chez les gardiens. À peine peignées, raie sur le côté, en pyjama et robe de chambre, tels des petits Lord Fauntleroy, Aurore et Adèle redescendaient le plus vite possible chez Madeleine et Lucien pour jouer aux *Mille Bornes* et regarder *Intervilles* à la télé en buvant du Banga dans des verres à moutarde. Ces parties de cartes transformaient la loge des Lucien en tripot. Le gendre roulait ses clopes, le père sirotait son rouge, la mère pareil, les cartes volaient sur la toile cirée et la Nadine perdait son calme.

Lucien : « Crevaison. »
Aurore : « Increvable. »
Didier : « Feu rouge. »
Aurore : « Feu vert. »
Madeleine : « Panne d'essence. »
Adèle : « Citerne. »
Nadine : « A triche ! A gagne tout. »

Madeleine prenait la défense des enfants du château.

« Tu causes meilleure aux gamines, dis ! »

Les cartes magiques atterrissaient invariablement entre les mains d'Aurore : « As du volant », « Prioritaire », elle les avait toutes. Une chance insolente, la fève pendant vingt ans.

Une fois pomponnée, la châtelaine descendait chez les Lucien en se bouchant le nez pour embrasser ses ouailles avant de partir au bridge – jamais elle ne franchissait le pas de la porte. Un parfum écœurant annonçait son arrivée et elle se présentait devant la loge des gardiens, maquillée, poudrée, vêtue d'un ensemble veste-jupe en grosse laine, du Chanel de province. De grosses boucles d'oreilles émeraude cerclées de diamants en toc, clipsées sur ses lobes minuscules, achevaient cet accoutrement digne d'un hybride entre la Castafiore et Simone Veil. Du rouge à lèvres saumon dégueulait de ses lèvres.

« Madeleine, vous ne les couchez pas trop tard !

— Oui, m'dame... »

La baronne se penchait vers ses petites-filles pour leur dire bonsoir. Elle ne savait pas donner de baisers ; elle embrassait dans le vide, la bouche aussi pincée que son cœur et son portefeuille. Puis elle montait dans sa Renault 5 blanche et filait à travers la Bourgogne et l'Allier pour aller perdre au bridge. La paonne partait faire la roue.

Le lendemain matin, fière et décoiffée dans sa vieille robe de chambre en pilipili mauve qui boulochait, buvant une tasse de thé marquée, comme tout le reste de son trousseau, de taches de rouge à lèvres qui résistaient aux détergents les plus puissants, elle hurlait de sa voix de tête : « Les enfants ! Hier, au bridge, j'ai gagné vingt centimes ! »

Aurore la regardait, amusée et consternée.

Au cours d'une de ces escapades pour jouer aux cartes, elle avait eu un accident ubuesque. Un fou s'était échappé de l'asile, il avait volé une voiture, pris une nationale en sens inverse et était rentré de plein fouet dans... la baronne.

Jusqu'à la fin de ses jours elle avait boité, ce qui lui donnait une démarche de fermière qui, malgré le soutien d'une canne, peinait à trimballer sa lourde corpulence. Pour unique récompense, elle avait un macaron « handicapée » collé sur le pare-brise de sa nouvelle auto et sa badine lui permettait désormais tous les coups, aux chiens, aux poules et à ses petits-enfants quand ils avaient le malheur de se balancer sur ses fauteuils d'époque. On l'entendait crier : « Bonté ! La chaise ! »

Un coude sur la table et elle vous plantait sa grosse fourchette en argent, aux armes de la famille, dans le bras. Tous ses petits-enfants portaient les marques des dents de ses fourchettes, entourées d'un hématome bleu comme son sang.

Elle était aristo mais restait agricole. Sa seule occupation consistait à médire et à cancaner sur tous : ses gardiens, ses belles-filles, ses enfants qu'elle était parvenue à monter les uns contre les autres, par méchanceté et par bêtise. Tout était sujet à critique, même les enterrements, auxquels elle se rendait comme on va à un cocktail pour voir du monde. Une phrase résonne toujours dans les oreilles d'Aurore : « J'ai été à l'enterrement de l'oncle Jacques, c'était nul ! »

L'oncle Jacques était un être merveilleux.

La baronne était une femme drôle mais glaçante.

Un grand pré avec des vaches bourguignonnes tachetées de noir et de blanc séparait le Château des Paons du Vieux Château, que la baronne avait donné à son aîné, Clebs. Ce favoritisme avait rendu ses autres fils ivres de jalousie. Aurore attendait le moment où ils s'affronteraient à boulets de canon comme au bon vieux temps des baronnies.

Au lieu de cela, en vieillissant, ils en étaient venus aux mains. Plus personne ne s'adressait la parole. L'oncle Daniel sombrait dans l'alcoolisme. Il en mourrait. Quant aux autres, Aurore et Adèle ne les avaient jamais revus jusqu'à ce jour de funérailles, où leur présence et leurs signatures étaient devenues nécessaires au règlement des questions d'héritage.

Alors que le camion de déménagement rempli jusqu'à la gueule s'apprêtait à quitter les lieux, Aurore avait regardé le chargement s'éloigner dans l'allée du château en direction du Berry où devait être stocké, pour partie, ce foutoir. Elle pensait aux dimensions handicapantes du mobilier de château. Quelle destination donner à un meuble à fusils en noyer de trois mètres dans une habitation « normale » des années 1990 ? Le feu ou la salle des ventes…

« Meuble à fusils en noyer XVIIIe, provenance : Château des Paons. Propriétaires :

la famille Truc-Bidule-de-La-Commode-de-L'Entrée-du-Vestibule-Le-Dernier-Ferme-La-Porte. Hauteur : 4 mètres. Largeur : 3 mètres. Mise à prix : 500 €. 550 à ma droite. 600 à ma gauche. 600 € une fois, 600 € deux fois, 600 € trois fois. Adjugé, vendu ! »

Les deux orphelines avaient résolu de fuir ce lieu empreint de mélancolie, chargé de l'amer parfum des familles qui se maudissent. Leur projet était très simple : se la coller au Merle Blanc, comme après tous les enterrements.

À 14 et 17 ans, Aurore et Adèle ne possédaient encore aucun diplôme mais elles avaient un master en deuil : leur mère Rose, leur cousin Anatole, leur grand-père Raoul, et maintenant, la baronne… Aux enterrements, elles avaient leur rituel. Fumer des Marlboro Light sur les perrons des églises (la fumée de cigarette leur avait toujours semblé un excellent compagnon de chagrin). Boire plus que de raison lors de ces « verres » d'après-funérailles où la vie est sommée de reprendre ses droits. Se donner le droit de parler d'autre chose, bien que le souvenir du mort transpire de chaque échange. Se donner le droit de rire même si les larmes affleurent ; le droit de manger avec un estomac noué.

Durant les messes d'enterrement, elles retrouvaient ces moments chargés d'épaisseur, enfin. Car elles étaient ensemble. Elles pleuraient ensemble. Sur le temps qui passait, sur les rides qu'elles n'avaient pas vues venir.

Aux funérailles de la baronne, Aurore avait regardé son père, perdu dans le parc du château, et avait pensé que, lui aussi, bientôt, un jour, mourrait, et qu'elle n'aurait jamais su lui dire « je t'aime ». Parce que cet amour paternel la brûlait. Parce qu'il était sa sentence, une étreinte invisible qui l'empêchait d'être elle-même et de devenir quelqu'un.

Pas de « Je t'aime » au Château des Paons, que les deux orphelines quittaient par l'allée du haut tandis que le camion de déménagement s'engageait dans l'allée du bas. Dix mètres plus loin, les roues du poids lourd s'étaient mises à s'enliser dans la terre sablonneuse. Adèle et Aurore avaient observé le conducteur se démener pour sortir ses trois tonnes de l'ornière. Il tentait de reculer, tournait ses roues à droite, à gauche, vainement, quand, tout à coup, l'inimaginable s'était produit : le camion avait versé sur le flanc avec tout son chargement.

Le chauffeur s'était extirpé de sa cabine à grand renfort de mouvements de bras traduisant l'effarement, la désolation et la tragédie. Adèle et Aurore regardaient, bouche bée, cette scène digne d'un film d'Emir Kusturica quand un fou rire nerveux, inextinguible, les avait assaillies. Elles s'étaient sauvées avec leur père, hilare lui aussi, direction Rigny, direction les beignets du Merle Blanc. Comme disent les Russes : « Ils ont passé une excellente journée, ils ont beaucoup bu, beaucoup ri et beaucoup pleuré. »

Aurore avait pensé que c'était sa mère qui avait renversé ce camion, comme pour leur dire : « Au diable ces vieilleries, elles sont trop lourdes à porter. Éloignez-vous de cette famille. Faites votre vie, mes enfants chéries, je vous en supplie ! »

8.

Gagner la vie

Inscrit en droit à Nanterre après un bac obtenu grâce à des antisèches planquées dans les semelles de ses Dr. Martens fendues en deux dans l'épaisseur, Arthur était parti, à l'issue de partiels ratés, faire une saison de trois mois en tant que serveur dans un restaurant de plage de l'île de Ré, dont il voyait le patron comme un père d'adoption. À ses côtés, une autre branche de la bande des chiens fous, composée de jeunes et beaux garçons de bonne famille qui servaient les clients, pieds nus dans le sable. Le soir, c'était la java entre la Pergola, La Baleine bleue et le Boucquingam de leur ami Julien, qu'Aurore aimerait follement cet été-là.

Après la mort d'Anatole, Arthur avait plongé la tête dans le sable ; désormais, c'était dans la dope. Coke, ecsta, tout y passait.

Il raconte avec effroi le souvenir d'une soirée de défonce chez des gens dont il a totalement oublié l'identité.

« Je me revois, roulé en boule, cloîtré avec leur chien dans sa niche tellement j'étais bouffé par les produits et par l'angoisse. »

Sa souffrance lui était devenue si intolérable qu'il avait, de lui-même, pris rendez-vous avec une psychiatre. Le diagnostic du Dr Ledier, Paris 16ᵉ, avait été le suivant : « Arthur, vous êtes un acheteur compulsif, de voitures, de motos, de matériel hi-fi. L'achat vous emplit de joie alors que, dans le fond, vous êtes d'une tristesse insondable. »

Pour soulager ce cri intérieur, elle l'avait bombardé de médicaments : Zoloft, Rivotril, Abilify. Le découvrant intolérant à l'Abilify, la psychiatre lui avait immédiatement prescrit un autre régulateur d'humeur. Et c'est ainsi qu'âgé d'une vingtaine d'années, la chimie régulait sa vie. Le traitement l'assommait ; il consommait pour se reprendre. Quand il voyait les up arriver, il consommait encore plus. Puis il y avait les down, et il dormait parfois jusqu'à seize heures par jour.

1997. Arthur épouse Solène, une des sœurs de Patricia, la fille qu'Anatole allait voir le soir de sa mort. Rencontrés en pension à Châteauroux, ils s'étaient perdus de vue puis retrouvés dans le Berry.

Le mariage de l'alpha de la meute avait été comme une journée de deuil pour la bande des chiens fous. Leur leader allait s'assagir, faire des enfants, la fête était finie. Alors il fallait tout donner, tout péter. Les discours étaient lamentables de bêtise, les invités ivres à l'excès, le marié effrayant : survolté, triste, hilare et saoul. La mariée était quant à elle d'une beauté renversante : robe en crochet blanche, peu maquillée, mince, sobre, souriante, ravissante. Lorsque Aurore regarde les photos prises lors de cette journée, elle n'en revient pas : Arthur et Solène avaient l'air d'être des enfants qui jouaient à se marier. Qu'allaient-ils faire de cette vie de couple ? Jouer à la dînette, à papa et maman ? La perspective de leur quotidien de jeunes mariés était à frémir.

MATIF, palais Brongniart, l'année de son mariage, Arthur a intégré l'équipe de JP Morgan en tant que fichiste. La Bourse est encore à l'heure de la criée et il y règne un foutoir et un vacarme indescriptibles.

Les fichistes noircissent des fiches de deals contractés par les négociateurs sur le PIT, vêtus de vestes aux couleurs de leur banque : noir et jaune pour le Crédit lyonnais, jaune pour la FIMAT, vert pour JP Morgan… En haut à gauche de chaque fiche : *A* pour *Acheté, V* pour *Vendu*.

D'une nervosité suspecte, les yeux rougis par le stress et le manque de sommeil, les traders s'entretuent comme sur un ring de boxe. Ils ne se donnent pas des coups, bien que cela arrive, mais des ordres d'acheter ou de vendre des titres pour le compte de la banque qui les emploie.

Leur vocabulaire est incompréhensible pour les non-initiés : PIT, parquet, NIP, floor… Leurs gestes ne sont pas plus clairs : une main qui balaie l'air sous le menton, deux doigts en l'air, un zéro inversé. Avec cette gestuelle étrange, ils transmettent leurs ordres, hurlant, braillant, s'insultant en mâchant frénétiquement des chewing-gums.

« C'est pas de ma faute si t'as pas de voix, un grand gaillard comme toi ! Baltringue, va !

— Peigne-cul ! Retourne chez ta mère, t'as le nez qui coule ! »

Sur les écrans qui entourent le floor s'affichent des courbes et des chiffres qui évoluent à chaque seconde. Assis tout autour du ring, des types tapent des séries de chiffres sur des calculatrices améliorées tandis que, pendus au téléphone, les négociateurs s'entretiennent calmement avec des interlocuteurs à l'autre bout du monde.

Opérationnel à 8 h 35 tous les matins, veste verte dans son placard du palais Brongniart, le mors aux dents, Arthur avait commencé tout en bas de l'échelle. Quand il avait reçu son premier salaire, il était allé voir son supérieur, chèque en main.

« Je crois que vous vous êtes trompé.

— Non, mon gars, c'est ta comm.

— 170 000 francs ?!

— Ouais, mec. Bienvenue dans la finance ! »

Ce job était fait pour lui, adrénaline, baston, il était dans sa zone de confort et prenait du galon à une vitesse vertigineuse, devenant successivement flasheur puis négociateur. Jusqu'à ces trois semaines de folie de 1999 où il lui avait fallu effectuer 15 000 lots par jour, se souvenir de tous. Ses nerfs avaient lâché. Pour défendre ses ordres, il s'était castagné avec un type de la FIMAT ; une baston générale sur le PIT avait éclaté.

Désormais papa d'une petite fille, Arthur avait démissionné, victime d'une perte d'audition successive à ces journées passées à beugler et d'acouphènes sifflant dans ses oreilles vingt-quatre heures sur vingt-quatre, qui le rendaient encore plus fou qu'il ne l'était déjà.

Aurore évoque José, leur ami commun qui travaillait à la Bourse à la même époque.

« Ah ! Oui ! Il avait une BMW, un coupé Z3 en 2L8. »

Arthur se souvient plus volontiers des voitures des gens que des gens eux-mêmes.

« Il m'a confié que vous consommiez tous beaucoup de produit pour tenir à la Bourse. »

Arthur soutient que non. Où est la vérité ?

Après la Bourse, il avait trouvé une marotte : faire de la vente. Et, deux semaines de formation plus tard, le voilà poussant la porte de Toshiba, dans le 92 sud.

C'était en plein mois de décembre 2000 et Arthur se les gelait dans la Peugeot 205 prêtée par sa mère. Il pestait à haute voix dans l'habitacle de sa voiture aux vitres pleines de buée.

« Comment je vais faire pour vendre des putains de photocopieurs avec ce froid polaire dans ce quartier de merde ! »

Frigorifié dans son costume de VRP, il avait entamé la première rue, était entré dans chaque boutique, chaque bureau, collectionnant numéros de téléphone et cartes de visite.

De retour au siège de Toshiba, il avait rappelé chaque responsable rencontré dans la matinée.

Il avait fait ça durant un mois, sans succès, jusqu'à ce qu'il parvienne à vendre sa première machine : un 17.10 reconditionné. Il était grisé.

Choisir son secteur, entamer sa prospection : en six mois, il avait rassemblé plus de 88 % de nouveaux clients, fait 133 % de son chiffre d'affaires global et était devenu le premier vendeur de Toshiba. Il s'était vu confier la lourde tâche de former des vendeurs juniors : Joseph Marciano et Nicolas Ardoa. Les deux petits jeunes le regardaient faire, impressionnés par son bagout, son charme et son endurance.

Arthur ponctue, fier de lui : « Nicolas Ardoa, il était bien plus lent que moi, il n'a jamais percé. »

Un jour de déjeuner au Pizza Pino du 17e, un jour comme tous les autres où l'alpha de la meute foutait un joyeux bordel, comme partout où il passait, un type l'avait interpellé.

« Vous êtes dans les copieurs ?

— Oui.

— Vous avez une carte de visite ?

— Pour quoi faire ? Vous êtes qui ?

— Nous, on est chez Altran. On vend du conseil.

— C'est un sport de tafiole, le conseil.

— Les tafioles voudraient vous faire passer un entretien avec le boss des tafioles. »

Arthur lui avait tendu sa carte de visite. Un mois après, il avait été convié par le patron d'Altran, au 189, boulevard Pereire, un bureau de cent mètres carrés au cinquième étage avec vue époustouflante sur tout l'Ouest parisien. Il y avait été accueilli par Mercedes, une naine très sympathique, secrétaire de M. Martini.

« J'ai besoin d'un type comme vous pour faire des ouvertures de comptes. Mes ingénieurs d'affaires issus du monde de l'informatique rament, je ne sais pas ce qu'ils foutent. Est-ce que vous pourriez remonter la barre ? »

Arthur y avait passé deux ans. C'est là que tout s'était enrayé.

Son boulot consistait à faire passer des entretiens à des polytechniciens bac+8 vêtus de costumes-veste, pantalon feu de plancher, socquettes blanches et petites lunettes d'intellectuels mal dégrossis. Pour déstabiliser les candidats, Arthur avait mis une femme nue, jambes écartées, en fond d'écran de son ordinateur. Les ingénieurs défilaient dans son bureau, décontenancés.

Dans la fontaine à eau des bureaux d'Altran, Arthur mettait du Microlax pour donner la chiasse à tous les salariés et aux ingénieurs de passage. Il y avait la queue aux toilettes. Plus personne ne pouvait travailler, à part lui.

Il se croyait dans une cour d'école. Et, contre toute attente, lui qui n'avait pas fait d'études, était parvenu à placer une charrette de dix-huit ingénieurs chez Vivendi.

C'est chez Altran qu'il ferait la rencontre d'un certain Michel Pozzi, 1,95 mètre, Sciences Po, héroïnomane. Le soir après le boulot, prétextant des dîners d'affaires auprès de leurs femmes pour ne pas rentrer, Michel et Arthur faisaient des virées en voiture, des tours de périph. Michel prenait de l'héro, Arthur de la cocaïne, beaucoup de cocaïne.

Arthur avait quitté Altran en 2004 pour entrer chez Mercury Interactive, 47 000 francs de fixe et plus de 1 500 000 francs de comm. Il y avait fait une autre rencontre désastreuse : Charles Henri Mizeran, cocaïnomane comme lui. Ils explosaient les compteurs.

Le jour de sa première présentation de logiciels au Crédit mutuel de Strasbourg, le nez plein de poudre, gêné par le bruit de l'assemblée, Arthur s'était arrêté net.

« Taisez-vous ! Je reprends quand tout le monde sera calme ! »

Tout le monde s'était tu, il avait repris et avait décroché sa première commission équivalente à 15 % de la valeur des logiciels vendus : 1 700 000 francs. Très vite, il avait épuisé les opportunités de son secteur et flirté avec le burn-out à grand renfort de rails.

Sa deuxième fille était née.

« Avance, sale bourgeois ! »

Phrase prononcée à l'intention d'Arthur, un soir, métro Pigalle, par deux types qui ne savaient pas ce qu'ils faisaient. Dans la seconde, Arthur les avait laminés à coups de pompe. Les flics étaient intervenus. Arthur avait atterri au poste avec les bracelets.

Au commissariat, le commandant qui parcourait le rapport de ses collègues n'en revenait pas. Il s'était avancé vers les cellules.

« C'est qui, Arthur de Mirandelle de Mezieux ? »

Arthur avait levé le bras.

« C'est moi.

— C'est vous qui avez massacré Brahim et Cheikna à la station Pigalle ?

— Oui, monsieur.

— Sortez-le de là ! »

Arthur avait été conduit dans le bureau du commandant, qui le regardait, halluciné.

« Habituellement, ce n'est pas dans ce sens-là que ça se passe, monsieur. Les deux types que vous avez mis au tapis, ce sont deux dealers casseurs. C'est eux qui auraient dû vous mettre une raclée. Cela dit, quand je vois les états de service de votre père en Algérie et votre maîtrise de l'arme blanche...

— Quelle arme blanche ? Je n'avais pas d'arme !

— La boxe française, monsieur, est une arme blanche. »

Les flics lui avaient mis un rapport favorable et l'avaient emmené faire une tournée nocturne à Pigalle, après lui avoir payé un McDo.

Au procès, Arthur avait été sommé de payer 30 000 euros de dommages et intérêts aux dealers.

À la suite de cette baston, Arthur avait quitté Paris et était parti s'installer dans le Berry avec femme et enfants.

Il y avait acheté une maison, une ferme à réhabiliter. Il se noyait dans les travaux et organisait des fêtes de plus en plus décadentes où les gosses du coin, vingt ans de moins que lui, venaient s'encanailler et prendre de mauvaises habitudes auprès du boss. Plus de boulot, 3 000 euros de chômage, deux années compliquées, surtout pour sa femme et leurs filles.

Il multipliait les allers-retours à Paris pour faire un CAP à l'école Boulle. C'était sa nouvelle marotte : devenir ébéniste, travailler le bois.

Auprès d'Aurore, il se vante :

« Je suis le seul étudiant de l'école Boulle à avoir eu l'idée de recouvrir de vernis de voiture un meuble d'extérieur en bois. Après un an passé dehors, le meuble n'avait pas bougé. »

Arthur était doué en tout, le bois, les vieilles voitures, la vente, la Bourse, tout ce qu'il touchait lui réussissait, sauf le couple et bien sûr le bonheur.

Dans son existence, les femmes avaient toujours été le nerf de la guerre. Plus jeune, c'était la course effrénée aux plus belles filles du moment. Dramatiquement infidèle et à peine jeune marié, il avait enchaîné des histoires d'un mois. Un succès fou avec les filles, un succès indécent. Immédiatement après l'avoir rencontré, les femmes le voulaient, absolument. Et lui, les filles, ça le rendait heureux. Il faisait des victoires. Mais, de son propre aveu, il savait qu'il n'était pas le mec idéal sauf pour un coup d'un soir, voire pour six mois, pas plus.

Il prolongeait ses séjours à Paris pour s'étourdir avec Élise, la fille de La Principessa, quatorze ans de moins que lui. Ils s'étaient croisés à un mariage et, un déjeuner en tête à tête plus tard, c'était parti. Ça durerait plus d'un an. Il lui ferait découvrir l'ecsta, la coke, le cul, le porno.

Un samedi soir, Arthur avait appelé Aurore pour savoir où acheter des ecstas. Elle n'en avait pas la moindre idée mais, comme souvent avec les drogué, Arthur était persuadé que tout le monde faisait partie du nombre. Le lendemain, Élise était passée voir Aurore. C'était un dimanche après-midi, elle était arrivée les mâchoires collées, le teint vert. Aurore avait tout compris.

« Tu as vu Arthur hier ?

— Comment tu sais ?

— Tu couches avec lui ? »

Elle était restée muette.

« Tu couches avec lui ?

— Oui.

— Ça dure depuis combien de temps ?

— Un an. Promets-moi de ne rien dire à ton père.

— Je ne te promets rien. »

Aurore avait appelé Adèle et elles avaient convenu d'en avertir leur père à cause de la dope. Il avait convoqué Élise, lui avait passé un savon. Puis il avait mandé son neveu Arthur pour lui parler comme à un fils.

« C'est quoi, l'idée ? Un jour tu coucheras avec les enfants de mes filles ?

— C'est pas pareil.

— C'est exactement pareil, il y a des choses interdites dans la vie et celle-ci en fait partie. Je ne veux plus jamais te voir chez moi. »

Aurore avait déjà surpris Élise, alors âgée de 12 ans, à dévisager Arthur de ses yeux de jeune fille en pâmoison devant l'interdit. Elle avait toujours rêvé de faire partie de la bande des chiens fous ou de ce qu'il en restait. Tel un moustique attiré par la lumière d'une ampoule, elle était subjuguée par leur déglingue – fruit du terreau de violences sur lequel ils avaient poussé, qui les conditionnait et les faisait tenir.

C'est sur cet épineux magma que reposait leur équilibre.

Dépourvue de cette base, Élise n'aurait jamais pu survivre au milieu des chiens fous.

Par la suite, Solène était venue interroger Adèle et Aurore. Postée face à elles comme devant deux témoins sans assistance, Solène les avait fixées de son regard noisette, faisant appel à leur devoir d'amitié, de vérité et de sororité. Elle attendait le déclic pour partir, refaire sa vie, elle dont l'enfance – Aurore ne l'apprendrait que plus tard, lui avait été volée pour être saccagée et piétinée. En épousant Arthur, elle n'avait pas épousé un homme ni même un mari ; elle avait épousé une âme blessée, un frère d'armes, un compagnon de tranchée.

« C'est qui ? »

Adèle et Aurore avaient fixé leurs pieds.

« C'est Élise ? »

Après un moment, Aurore avait brisé le silence.

« Oui, c'est Élise. »

Aurore pensait qu'il fallait que quelqu'un brise l'omerta. Il fallait que quelqu'un dise à cette femme merveilleuse de beauté, de gentillesse et d'empathie que son alliance reposait sur un tapis de trahisons. Il fallait que ce garçon comprenne que la mort d'un petit frère ne donne ni sauf-conduit ni blanc-seing. Ils avaient pris le même avocat, beaucoup pleuré et ça s'était terminé.

Après son divorce en 2008, Arthur avait vendu sa ferme et il avait eu l'idée mortifère de louer La Roseraie, l'endroit précis où son frère était mort. « Comment peut-il vivre là ? » se demandait Aurore, qui ne passait plus jamais sur cet axe depuis le décès du petit blond aux yeux bleus. Elle faisait des détours de dix, quinze, vingt kilomètres, pour éviter d'emprunter cette longue route rectiligne qui exhalait l'effroi.

Ses filles venaient le voir le week-end, leur mère s'étant installée pas loin, dans la maison de son enfance. Lorsqu'elle déposait leurs deux enfants chez ce père brinquebalant, elle n'était jamais très rassurée mais elle sentait au fond d'elle-même qu'il ne leur arriverait rien. Arthur était un être flingué par les aléas de l'existence mais elle le savait gentil et aimant. Il fallait que ses filles voient leur père. Il fallait qu'Arthur voie ses filles. C'était vital et elle y mettrait un point d'honneur jusqu'à ce qu'elle se remarie et parte s'installer à Munich, puis à Genève.

Cela durerait six ans. Six années durant lesquelles Arthur ne rendrait que trop peu visite à ses filles ; il n'en avait ni la force psychologique ni les ressources financières. Quelques week-ends par-ci, par-là, dont un en Suisse durant lequel il n'avait fait que dormir tandis que ses filles cuisinaient pour lui. Il se levait pour manger puis se rendormait.

Arthur partage le souvenir d'un de ces dimanches à Genève avec Aurore où, quelques heures avant qu'il ne reparte à Paris, il s'était réveillé pour aller faire un tour de pédalo sur le lac Léman avec ses enfants.

La réalité est tout autre. Jamais Solène ne l'aurait laissé faire du pédalo avec les filles, jamais elle ne le laissait seul désormais avec elles. Elle l'accueillait avec son nouveau mari, le surveillait comme le lait sur le feu, lui prêtait de l'argent quand il ne volait pas dans les économies de ses propres enfants.

Lui se souvient de ce trajet retour Genève-Paris, de l'instant précis où il avait surpris son reflet dans le miroir des toilettes du train et n'avait pu supporter la vision de cette figure de drogué, de malade, de connard.

9.

Harold et Maude 2.0

Dans le parquet moulures loi 1948 de Louis XVI, c'était la fête tout le temps. On y croisait désormais Marie, une amie de la petite cousine d'Arthur, surnommée La Stagiaire, car perpétuellement en stage, et Dasha, une étudiante russe qui avait élu domicile dans la lingerie. Arthur ne touchait pas à ces filles-là, elles, c'était « la famille ». Marguerite, une aide-soignante antillaise, complétait cette colocation bigarrée où Arthur régnait en nabab.

Autour de 4 heures du matin, quand Arthur rentrait de boîte, accompagné d'oiseaux de nuit, Louis XVI, immanquablement vêtue de sa robe de chambre en éponge bleue sans âge, faisait son apparition. Tel un fantôme attiré par le bruissement de la vie, elle s'attablait avec les noctambules rassemblés dans la cuisine et fumait ses gitanes du bout de ses faux ongles peints, façon Mariah Carey, par son aide-soignante. Lorsque la sonnette retentissait, ils savaient tous qu'il s'agissait des flics, alertés par les voisins qui ne supportaient plus cette java permanente. Louis XVI exigeait le silence, se levait calmement et se dirigeait vers la porte d'entrée. Maîtrisant parfaitement sa partition de vieille dame insomniaque, elle ouvrait la porte comme si de rien n'était :

« Bonjour, messieurs, que me vaut cette visite si tardive ?

— Vos voisins nous ont signalé un tapage nocturne.

— Où ça ? Je n'entends rien.

— Chez vous, madame.

— Chez moi ? C'est la meilleure, celle-là ! Qui peut bien penser que je fais encore la bringue à mon âge ? Peut-être faut-il que je baisse le volume de mon poste de télévision, je ne suis pas appareillée…

— Pardon de vous avoir dérangée, madame.

— Y a pas de mal, messieurs, y a pas de mal. »

Dans son dos, la bande de jeunes gloussait en l'écoutant improviser. Fière de sa prestation, Louis XVI retournait s'installer dans sa cuisine, se tordant de rire comme une enfant qui a fait une bonne blague. On lui servait un shot de vodka, elle terminait sa maïs et retournait se coucher vers 6 heures.

Louis XVI était l'idole d'Arthur, qui était le dieu de sa grand-mère et la coqueluche de ses cousins germains de quinze ans de moins que lui. Ils passaient boulevard Saint-Germain à n'importe quelle heure du jour ou de la nuit, comme on se rend dans un club où l'on a ses habitudes. Cet endroit, hors du temps, avait tous les attributs d'un décor de cinéma où se jouaient des scènes dignes d'un Bertrand Blier.

Arthur, de la poudre à ne plus savoir qu'en faire, animait ce lieu de sa folie contagieuse.

Lors de leur entretien, Aurore note combien ces années chez Louis XVI demeurent nébuleuses pour Arthur, combien il a du mal à leur rendre une chronologie précise.

Les produits qu'il ingurgitait alors ont grinoté sa mémoire, où ne subsistent que quelques anecdotes, les plus folles, comme cette soirée où l'un des convives, âgé d'une vingtaine d'années, avait eu l'idée saugrenue de sauter par la fenêtre.

« Je vais sauter. Donne-moi 40 euros et je saute. Je suis capable. »

Un boum avait retenti.

« Ça doit être l'autre con », avait dit Arthur.

Il avait regardé en bas. Personne. Au bout d'une demi-heure, ils étaient descendus en bande pour voir où était passé le doux dingue. Le garçon rampait dans le hall, hurlant de douleur. Il avait sauté du garde-corps du premier étage. Cinq mètres. Ils l'avaient porté puis remonté chez Louis XVI et l'avaient allongé sur le vieux canapé Louis-Philippe recouvert de tissu vert au milieu de l'entrée. En pleine montée délirante, Arthur lui jetait de la cocaïne au visage pour lui remonter le moral.

« Je veux pas de ton truc. Je te dis que j'ai mal ! »

Ils étaient tous sortis fendre la nuit et l'avaient abandonné là. Il avait fallu attendre le lendemain matin pour qu'Alba, la femme de ménage, le retrouve, toujours allongé sur le canapé de l'entrée. Ses chevilles avaient doublé de volume. Elle avait appelé les secours. Le doux dingue passerait deux ans en suspension à l'hôpital sans pouvoir poser les pieds par terre.

La vie d'Arthur n'était désormais faite que de cela, d'excès, de folies, de pérégrinations nocturnes, de rencontres improbables dont celle de Cathy Favrat, dentiste à Clermont-Ferrand, 1,78 mètre, en couple avec un dénommé Jean-Luc qui, tel un chimiste, stockait sa cocaïne dans des Erlenmeyer à col étroit. Ils se fournissaient chez le même dealer, porte de Vanves.

Ils achetaient ça par cinq, dix ou vingt grammes. Au dire d'Arthur, le produit était inouï.

En toute logique, Arthur était devenu l'amant de Cathy. Les produits dopants portaient leur sexualité à l'extase. Sans produit, le désir ne parvenait plus à Arthur. Avec la poudre, il s'acharnait durant des heures dans des jeux excitants où les filles survoltées faisaient des « trucs de dingue » auxquels elles ne se seraient probablement jamais prêtées sobres.

Arthur avait accumulé les dettes jusqu'à ce qu'elles atteignent la somme de 20 000 euros. Le dealer de la porte de Vanves s'était rendu boulevard Saint-Germain pour réclamer son dû. Louis XVI lui avait ouvert la porte, vêtue de sa jupe en tweed, d'un de ses chemisiers en coton et d'un petit gilet en maille. Observant l'attitude, la tenue vestimentaire et le regard du dealer d'un air suspicieux, elle avait couvert son petit-fils.

« Bonjour, m'dame. Arthur, c'est bien ici ?

— Que lui voulez-vous, à Arthur ?

— Il me doit de l'argent. Beaucoup d'argent.

— Arthur n'habite plus ici et, si je vous revois rôder devant ma porte, j'appelle les flics. »

Elle lui avait claqué la porte au nez.

Alerté de la visite du dealer par Louis XVI, Arthur, sans un sou, avait retourné tout l'appartement de sa grand-mère, placé l'argenterie dans un sac et s'était présenté porte de Vanves.

« Qu'est-ce que tu veux que je foute de tout ça ? J'en veux pas de ta quincaillerie. Remballe tes merdes. Ce que je veux, moi, c'est la thune que tu me dois. »

Arthur était reparti avec son baluchon et avait tout remis à sa place. Il avait fini par aller chez sa mère pour voler des chèques dans son sac à main et payer ses dettes. Il les signait à son ordre, les encaissait et tirait le tout en liquide. Sa consommation d'alors était de quatre à cinq grammes par jour, soit 15 000 euros de stupéfiants par mois.

Alertée par sa banquière, la mère d'Arthur planquait désormais tous ses moyens de paiement quand son fils lui rendait visite. Elle mettait tout sur le compte de la bipolarité d'Arthur et des difficultés de dosage de son traitement. Il carburait alors à quatre antidépresseurs et deux régulateurs d'humeur différents par jour, plus du Concerta pour les troubles de l'attention.

Anesthésié, chaque matin, Arthur avait besoin de produit pour se remettre à flot. C'était l'équilibre précaire qu'il avait trouvé. Cocaïne le matin au réveil, médicaments le soir pour s'assommer.

Les semaines se succédaient ainsi, trois jours puis quatre à dormir, quatre jours d'absence par semaine au bureau. Louis XVI tentait de le réveiller pour qu'il aille travailler. Ses amis cocaïnomanes et néanmoins collègues venaient le secouer, le réveiller, l'emmener bosser, sans quoi il se ferait lourder. Il s'était fait lourder.

En rendant visite à sa grand-mère, Aurore avait vu Arthur, une fin d'après-midi, assis sur le tapis du salon du boulevard Saint-Germain, prostré au pied du fauteuil de Louis XVI, qui regardait la télévision à fond en fumant. Elle caressait de ses mains veineuses, engourdies par l'arthrose, les cheveux noirs de son petit-fils désormais âgé de 40 ans, et qui s'étiolait à petit feu. Voir ce garçon d'1,90 mètre recroquevillé comme un vieux labrador au pied de sa maîtresse était tout à la fois émouvant et terrifiant. Il était en pleine détresse. Personne ne voyait. Personne ne voulait voir.

Excédées par le je-m'en-foutisme de leur cousin, qui ne respectait ni ses engagements, ni sa famille, ni ses propres enfants, Aurore et Adèle étaient venues affronter leur grand-mère adorée.

« Vous lui passez tout, ça n'est pas un service à lui rendre. On aurait fait le dixième du quart des conneries d'Arthur, vous ne nous adresseriez même plus la parole.

— Oui, mes enfants, je sais. Mais lui, c'est différent. Lui, il a un petit oiseau dans la tête. »

Comment une femme née en 1915 pouvait-elle s'imaginer que, derrière la porte du petit salon où Arthur avait élu domicile, se cachait un drogué qui s'envoyait des dizaines de grammes de cocaïne sous les moulures de son appartement ?

L'été 2014 était arrivé et Arthur, au chômage, était parti dans le Sud-Ouest, chez des vieux copains fidèles qui tentaient de le remettre sur le droit chemin. C'est là qu'il avait fait la rencontre de Laurence, une cousine de son ex-femme, croisée dans un supermarché à Saint-Jean-de-Luz dans lequel il errait au milieu des rayons, sans le sou. Elle lui avait payé une brosse à dents, un rasoir, de la mousse et elle lui avait proposé de passer la voir. Il l'avait trouvée mignonne, il était passé... C'était parti.

Laurence avait la maladie de Cushing. Le Dr Dray, psychiatre référent d'Arthur et bipolaire lui-même, l'avait immédiatement mis en garde.

« Vous ne pouvez pas être avec une fille qui a la maladie de Cushing, c'est pire qu'un bipolaire. Ce sont des gens complètement dingues. Ils ont des montées d'adrénaline totalement ingérables. Avec vous en plus, je crains le pire ! Je n'ai qu'une chose à vous dire : quittez immédiatement cette fille, elle va vous rendre fou ! »

Lors de ses crises de démence, « cette fille » jetait des marteaux à travers la pièce. L'un d'eux avait fini sa course dans son poste de télévision. Arthur fermait les portes des chambres des enfants de Laurence pour qu'ils ne la voient pas perdre pied. Démuni, il finissait par appeler les pompiers. Elle se calmait. Un temps.

La démence la reprenait. Durant une semaine, deux semaines, elle appelait le psychiatre d'Arthur : « Allô, docteur Dray, c'est Laurence, la petite amie d'Arthur. Il faut vous occuper de votre patient, changez-lui son traitement : il est fou ! »

Elle se calmait, tout redevenait normal jusqu'à la prochaine crise, plus forte encore que la précédente, marquée de transes.

Avant de rencontrer Arthur, « cette fille » ne prenait rien ; au contact d'Arthur, ils étaient devenus Sailor et Lula.

Croiser la route de l'alpha de la meute à cette période était la promesse d'un moment tout à fait hors sol. Installé depuis peu dans le Berry avec femme et enfants, Brise-Fer, de la bande des chiens fous, raconterait à Aurore la nuit la plus fantasque qu'on lui eût jamais fait passer.

Il était chez lui, à glandouiller en chaussettes pendant que ses enfants dormaient et que Betty, devenue sa femme, s'affairait dans la maison. Il avait reçu un coup de fil d'Arthur, auquel il avait hésité à répondre avant de prendre le combiné.

« Ouais, qu'est-ce que tu fous ?

— Ben rien, je suis là, je glande.

— J'arrive. »

Dix minutes plus tard, Arthur était arrivé dans l'Austin Mini de Laurence. Il s'était garé devant la maison de Brise-Fer, qui l'attendait sur le perron en fumant un cigarillo, chaussettes aux pieds.

« Qu'est-ce que tu fous ? Viens !

— Mais où ?

— Viens voir, je te dis !

— Deux secondes, je mets mes godasses.

— On s'en fout de tes godasses. Viens, je te dis ! »

Brise-Fer s'était approché de la voiture.

« Monte, tête de nœud ! T'es chiant ! »

Il était monté sous les invectives de Betty.

« Qu'est-ce que tu fais, exactement ? Tu vas où en chaussettes ?

— Je ne sais pas... Je reviens dans pas longtemps... »

Arthur l'avait interrompu.

« On va boire un coup. À toute… »

Il avait redémarré aussi vite qu'il était arrivé, en trombe. Un peu plus loin, il n'avait pas du tout pris la direction du bar de Dun-sur-Auron mais celle de l'autoroute.

« On va où, là, Arthur ? »

L'autre hurlait, beuglait, passait les vitesses comme un possédé, la musique à fond, changeant de station toutes les cinq secondes. Brise-Fer ne rêvait pas : c'était bien la bretelle d'autoroute vers Paris qu'Arthur avait empruntée en passant des coups de fil.

« Ouais, on arrive, espèce de bâtard. T'as intérêt à être là sinon je te défonce ! »

Arthur hurlait, tapait sur le volant.

« Ouais, on va à Paris, mon pote.

— Mais je suis en chaussettes, j'ai dit à ma femme que je rentrais dans une heure. Je ne vais pas aller à Paris maintenant, en pleine nuit.

— Oh ! Putain, t'es chiant ! Allez, on se marre. »

Il avait repris son téléphone.

« Rachid, alors tu seras là ou quoi, tête de pioche ? Ouais, cool. Génial. »

Arthur avait raccroché, fou de joie, et s'était rabattu sur la voie qui menait à une station d'essence. Il s'était garé dans un dérapage au frein à main, était sorti de la voiture et avait filé. Cinq minutes plus tard, il était revenu dans sa bagnole avec des liasses de billets.

« C'est quoi tout ça ?

— J'ai pris la carte de ma meuf… »

Cramponné au tableau de bord, Brise-Fer avait regardé les deux cent cinquante kilomètres défiler, oscillant entre la tétanie, la peur et le désœuvrement. Arrivés à Paris, devant l'Opéra Bastille, le dénommé Rachid les attendait. Arthur était sorti de la bagnole.

« Alors, t'as combien, tête de piaf ? Dix grammes, parfait. Tiens ! »

Il lui avait tendu une liasse de billets, aligné deux énormes poutres sur le capot de son Austin, qu'il avait sniffées l'une après l'autre sous le regard incrédule de Brise-Fer, qui comprenait enfin ce qu'il foutait là. Arthur avait préparé deux nouveaux traits et tendu le tout à son pote. Il avait tout d'abord hésité, puis merde, foutu pour foutu, il avait sniffé les deux lignes à son tour. Et c'était reparti ! Arthur avait redémarré, direction l'autoroute, deux cent cinquante kilomètres retour. Jusqu'à ce qu'une pause s'impose.

Une aire de repos pleine de voitures avec familles et enfants : vacances scolaires. Arthur s'était fait quatre rails sur le tableau de bord, en avait sniffé deux et tendu sa paille à Brise-Fer, qui s'apprêtait à taper les deux autres quand un regard lui avait fait lever la tête. Une mère de famille le regardait, outrée, en éloignant ses enfants. Brise-Fer était resté le nez en l'air, pitoyable. Arthur l'avait bousculé.

« Allez, mon vieux, on va pas passer la soirée dans cette bagnole de merde ! »

Brise-Fer s'était mis à sniffer sans entrain. Arthur avait redémarré sur les chapeaux de roue, musique à fond, sous le regard affligé des vacanciers qui assistaient à ce spectacle les bras ballants, comme si un vaisseau trash venait de percuter leurs existences bien huilées.

De retour à Dun-sur-Auron, six heures après son départ Brise-Fer était sorti de la voiture d'Arthur, défoncé. Il avait tenté d'ouvrir la porte de sa maison, fermée à clef par sa furieuse épouse. Arthur s'apprêtait à repartir quand il avait vu son ami se poster devant ses phares en chaussettes.

« Elle a tout fermé à clé. Dépose-moi au château.

— Oh ! Les bonnes femmes ! Monte, tête de nœud. »

Arrivés devant le château de Bussy, Arthur avait redémarré aussi sec, laissant Brise-Fer sur le gravier en chaussettes. Il s'était dirigé vers la porte de la cuisine, avait retiré son pull, s'en était entouré le poignet et avait brisé le carreau de la porte-fenêtre pour actionner la clé de l'intérieur. Il avait pénétré dans le château à pas de loup, s'avançant parmi la pénombre vers une pièce de repli qu'il semblait connaître. Il avait ouvert la porte et s'était écroulé sur le lit.

Le lendemain matin, Brise-Fer avait été réveillé par des éclats de voix qui provenaient de la cuisine non loin de la pièce où il s'était retranché. Dès que le silence s'était fait, le noceur, la tête dans un étau, avait ouvert la porte de sa chambre. La voie enfin libre, il s'était dirigé vers le garage, avait emprunté un vélo et s'était enfui en pédalant comme un fou. Des gosses étaient apparus sur le perron du château.

« Voleur ! Voleur ! Il nous a volé notre vélo ! »

Brise-Fer avait pédalé de plus belle. Arrivé dans la pente menant vers Dun-sur-Auron, une voiture s'était mise à sa hauteur. À l'arrière, les mêmes gosses ; au volant, son cousin Didi et sa femme. Ils avaient ouvert la fenêtre et l'avaient interpellé.

« Qu'est-ce que tu fous là, à piquer des vélos, et en chaussettes en plus ? »

Pris la main dans le sac, il était resté évasif.

« Je vous le rapporte cet après-midi. »

Il avait continué à pédaler sur la route où le petit blond aux yeux bleus avait perdu la vie. La voiture l'avait dépassé.

Désormais, le Dr Dray refusait de recevoir Arthur. Le psychiatre lui donnait son traitement et c'était tout.

« Revenez quand vous serez normal parce que, là, vous n'êtes pas clair. Dans votre état, on ne peut pas avancer. Je suis désolée. »

Arthur était ivre de coke, ingérable, passait ses nuits à l'Other Side, une boîte échangiste parisienne, avec Laurence, pas très rassurée.

« Tout le monde me touche !

— T'inquiète, je suis là. »

Comme souvent, Arthur avait jeté son dévolu sur le DJ… Une soudaine envie de l'étrangler. Il le fusillait du regard, mâchoires serrées.

« Arrête de passer cette daube. Je peux plus supporter cette musique. Coupe cette musique de merde, tête de saumon, tu me tues les oreilles ! Passe un morceau normal ! »

Arthur était monté dans la cabine de mixage, prêt à lui faire bouffer ses vinyles. Les vigiles l'avaient foutu dehors et la soirée avait continué avec un autre couple, à l'hôtel, où ils avaient tapé des traits monumentaux tandis que le duo d'inconnus baisait devant eux.

Au moment de partir, le type en avait oublié sa montre. Déçu par la prestation de l'inconnu, Arthur l'avait détruite à coups de pompe sous le regard halluciné de Laurence. Plus tard, le type l'avait harcelé durant des semaines sur les réseaux sociaux pour qu'il lui rende sa putain de breloque. Arthur avait fini par accepter de le voir dans un café, avenue des Ternes, et lui avait donné trois cents balles pour que ça s'arrête. Trois cents balles pour sa poubelle de montre.

Les crises de Laurence devenaient de plus en plus délirantes, jusqu'à ce jour où elle avait enfermé Arthur chez elle, à Neuilly. Elle était partie en week-end et l'avait séquestré puis elle était rentrée, comme si de rien n'était. Arthur avait fait ses valises, sa mère était venue le chercher et il était retourné habiter chez Louis XVI, où Laurence venait régulièrement klaxonner et gueuler sous ses fenêtres.

« Arthur ! Sors d'ici et viens me voir ! »

Arthur ouvrait la fenêtre et hurlait à son tour, sous le regard ahuri de sa grand-mère.

« Barre-toi ! Je ne veux plus jamais te voir, t'entends ! »

« Ça a le mérite d'être clair… », ponctuait Louis XVI, qui trouvait de toute façon qu'aucune fille n'arrivait à la cheville de son demi-dieu.

À la suite de cette relation, Arthur avait passé trois semaines à l'hôpital Sainte-Anne, en cure de sommeil. Un séjour qu'il décrit à Aurore comme apocalyptique. Il appelait sa mère, en pleurs, comme un enfant.

« Je ne suis pas fou quand même, maman ? Y a des types sur le terrain de basket qui hurlent comme des possédés. Je ne suis pas ça ! Dites-moi que je ne suis pas comme eux ! »

À sa sortie de Sainte-Anne, il était retourné chez Louis XVI, qui l'avait accueilli à bras ouverts, comme à chaque fois. Jusqu'à ce soir de profonde déprime où dans le petit salon qui lui servait de chambre, pour la première fois de sa vie, Arthur avait consommé des speed balls, un mélange d'héroïne et de cocaïne que lui avait refilé son ami Vincent. Un rail long comme la table plus tard, Arthur s'était évanoui. Sa tête avait cogné la table basse en verre épais.

Quelques instants auparavant, il avait appelé Eli, un vieux copain qui habitait le quartier.

« J'en peux plus. Toi, au moins, t'as ta femme et tes enfants avec toi, mais moi... Depuis qu'elles sont loin, je vois plus mes filles. Je suis perdu, mec... Je suis perdu. »

Eli avait accouru chez Louis XVI. Devant l'immeuble, la moto d'Arthur gisait sur le flanc.

Arthur ne prenait aucun soin de lui ni de sa santé mais il était excessivement soigneux avec ses affaires. Eli s'était élancé dans les escaliers vers le premier étage, montant les marches quatre à quatre et sonnant comme un fou à la porte de Lilou. Marguerite avait fini par lui ouvrir. Eli avait couru vers la porte de la chambre d'Arthur fermée à clé, il l'avait ouverte d'un grand coup d'épaule et découvert son ami, étendu sur le sol, la tête ensanglantée, inerte.

Arthur avait été admis au service de réanimation de l'hôpital Necker. Un mois de coma qu'il décrit à Aurore comme une impression de vie dans les tropiques, au milieu de la brousse, entouré de palmiers, dans une végétation luxuriante sur un fond de musique soul et lancinante.

Il apercevait des lampes qui s'allumaient et s'éteignaient comme s'il allait et venait des limbes à la réalité.

C'est en ces mots qu'il dépeint sa lutte sans merci pour sortir du coma et son combat pour retrouver une liberté qu'il ne voyait pas venir.

Durant cette longue perte de conscience, Aurore l'avait veillé. Tout endormi qu'il était, elle l'avait vu tenter d'arracher les perfusions qui le reliaient à la vie. Les infirmières en étaient venues à lui sangler les bras.

« Qu'il reste au lit ! Il faut qu'il reste au lit. »

Aurore se revoit sortir du service de réanimation, bouleversée, avec Adèle et leur cousin Charles-Antoine. Ils s'étaient ensuite installés, hagards, au café du coin. À peine sorti de Necker, Charles-Antoine, qui avait arrêté de fumer, s'était rué dans un bureau de tabac pour acheter un paquet de clopes. Au passage, il avait chargé Aurore et Adèle de lui commander un double scotch. Il était 5 heures de l'après-midi. Adèle ne buvait plus depuis sa dépression ; quant à Aurore, elle voulait rester sobre pour se souvenir, rester sobre pour ne pas sombrer elle aussi. Elle craignait tellement de voir Arthur partir qu'elle voulait se tenir au cœur de la vie, en conscience, pour le tirer vers elle.

Chaque matin, Aurore croisait ce Vincent qui avait refilé des speed balls à Arthur. Ses enfants étaient inscrits dans la même école que sa fille. Et, chaque matin, il baissait les yeux pour ne pas croiser son regard qui savait, son regard qui invectivait, son regard qui le traitait de salaud. Blond, mince, parfumé, bien coiffé, bien habillé, tenant par la main ses enfants parfaitement mis, l'émaciation de son visage ridé, lugubre, trahissait ses excès passés et peut-être encore présents.

Avoir quelqu'un de la trempe d'Arthur dans sa famille était à la fois un enfer et une bénédiction.

Un enfer car il fallait tout nettoyer derrière lui, les dégâts, les blessures, les dettes et les trahisons ; un enfer car on n'était jamais serein. Depuis l'accident, l'inquiétude était devenue le maître-mot de la relation qui les unissait depuis l'enfance. Un coup de fil tardif et leurs cerveaux échafaudaient toutes les tragédies possibles.

Une bénédiction car il était à part, drôle, vif, tendre, impétueux, prêt à tout pour un bon souvenir et résolument déterminé à sacrifier beaucoup pour colorer la monotonie d'une vie barricadée dans un milieu forclos et aride.

Il s'était réveillé. Telle une bête féroce, les yeux injectés de sang, il avait tenté par tous les moyens d'arracher les tubes d'oxygène, d'alimentation et les sondes qui lui perforaient la peau.

Il raconte à Aurore : « Je me souviens de voir mon père à mon chevet quand je suis sorti du coma. Il me regardait de son œil perçant, pas très content de l'histoire. »

À son chevet ce jour-là, il n'y avait qu'Adèle et Aurore.

Dans les couloirs de l'hôpital, Arthur avait réappris à marcher, retrouvant sa mobilité à une vitesse vertigineuse. Un mois plus tard, le Phénix avait déjà une nouvelle petite amie, une dénommée Constance, subjuguée sans doute, comme toutes les autres, par ce titan vulnérable.

Son corps et son esprit n'étaient pas encore prêts à affronter le réel et Arthur vomissait sans cesse. Renvoyé à l'hôpital psychiatrique Henri-Ey, il y avait passé un mois supplémentaire.

À la suite de ce coma, sa mère l'avait installé dans un petit appartement à Puteaux. Il ne voyait plus personne. Grâce à sa formation à l'école Boulle, il faisait de l'ébénisterie à domicile et retrouvait ainsi peu à peu l'usage du langage.

Toutes les semaines pendant un an, il s'était rendu au « club house » des bipolaires à Paris 19e. Cet endroit était régi par des règles strictes édictées via un code couleur précis. Utilisation de l'imprimante : sticker rose ; de l'ordinateur : un bleu ; boire un café : vert ; manger : jaune… Arthur hallucinait d'assister à des disputes sur la façon adéquate pour ranger les recharges de feuilles de la photocopieuse. Il se trouvait toujours beaucoup moins dingue que ceux qu'il côtoyait là-bas.

Aurore l'appelait régulièrement à cette période pour savoir comment il allait. Il la rappelait quinze fois derrière, en hurlant de rire, parlant à toute vitesse, racontant des histoires abracadabrantes. De son propre chef, il avait arrêté son traitement. Il en était certain, les médicaments le détraquaient.

Par la suite, il lui avait envoyé par mail le règlement complet du « club house » des bipolaires pour qu'elle comprenne qu'il ne pouvait pas appartenir de près ou de loin à ce groupe, que c'étaient eux les dingues, pas lui.

Au printemps suivant, Julien, membre de la branche rétaise des chiens fous, se pendrait à un arbre dans son jardin, laissant derrière lui une femme et une petite fille de 4 ans. Aurore s'était rendue à son enterrement en train, pendant qu'Adèle y conduisait Arthur. Au premier arrêt dans une station-service, il était entré dans la boutique tandis qu'Adèle faisait le plein, garait sa voiture et se rendait à la caisse pour payer. Elle l'avait cherché partout du regard, en vain, avant de se diriger vers sa voiture, pensant l'y retrouver. Personne. Au bout de dix minutes, il avait surgi de la boutique en courant comme un dératé et s'était embarqué dans la voiture en hurlant : « Démarre, Oum ! Démarre ! »

Elle avait passé la première, appuyé sur l'accélérateur, tremblante, tandis qu'Arthur, dans un état de nervosité et d'hilarité extrême, déballait tout ce qu'il avait planqué dans ses poches, son caleçon, ses chaussettes.

« Smarties, M&M's, gâteaux, lait concentré sucré et *le* CD de Bronski Beat. »

Durant les deux cents kilomètres restants, il avait écouté le disque à fond, hurlant le refrain de « I Feel Love » sans discontinuer en fumant des Merritt. Quand ils étaient arrivés à l'église, Aurore avait cru que c'était Adèle qu'on allait enterrer.

La petite fille de Julien était assise au bord du trou où son père allait être plongé et Aurore regardait la scène en repensant à l'enterrement de sa mère. L'époque avait changé. Enfin, les enfants n'étaient plus mis à l'écart de ce qui les concernait au premier chef ; enfin, cette enfant avait le droit de pleurer, de faire des dessins pour les enterrer avec son père. Enfin, un enfant, c'était quelqu'un.

Julien était le deuxième suicidé de la bande des chiens fous. En 2011, David, le cousin des Brothers corses, avait loué une chambre d'hôtel. Il s'était fait couler un bain et avait ingurgité toutes sortes de médicaments. Le lendemain, la femme de chambre l'avait retrouvé mort. Il était marié, il avait deux enfants.

À l'enterrement de David, Aurore avait repensé à son mariage, auquel tous les chiens fous avaient assisté. Elle se souvenait de la robe qu'elle portait ce jour-là, longue, rouge et fendue. Elle avait trop bu, ils avaient tous beaucoup trop bu. Les chiens fous étaient venus à ces noces pour se défoncer plus que par amitié. C'était une débauche d'alcool, de drogue et de discours obscènes au nez des parents des mariés qui s'étaient mis en quatre pour que ce soit une belle journée. David n'était jamais parvenu à s'affirmer, il était le faible de la bande, un souffre-douleur que les autres chiens de meute disaient bête. Il était tout simplement gentil, beau, romantique et désarmé.

En plein milieu du dîner, Aurore s'était échappée. Seule, dans la nuit, sur une route de campagne inconnue, elle sautait dans le fossé au moindre bruit de moteur. Couverte de piqûres d'orties et de griffures de ronces, apeurée, frigorifiée, elle avait fui, comme si sa vie en dépendait, cette soirée de débauche qui empestait le vide. Par miracle, elle avait retrouvé l'hôtel où elle dormait et y était entrée pieds nus, dessaoulée, échevelée, égratignée comme une fille qui a fait une mauvaise rencontre. Elle n'avait pas fait de mauvaise rencontre; elle avait de mauvaises fréquentations. Elle était passée derrière le comptoir de la réception et avait décroché ses clefs du tableau sous le regard inquiet du gardien de nuit.

Dans sa chambre, elle s'était endormie tout habillée.

Elle avait parcouru quinze kilomètres.

La morbidité des gosses des beaux quartiers avait toujours intrigué Aurore.

Qu'avaient fabriqué leurs pères pour que ces garçons soient si flingués ?

Les filles, elles, avaient tenu. Les filles tiennent toujours.

10.

La fin d'un règne

À l'été 2016, on avait installé Louis XVI à La Brosse avec une aide-soignante. Dans son sommeil, elle pleurait comme une petite fille, criant : « Non ! S'il vous plaît ! Arrêtez ! » Quand Aurore lui demandait si elle se souvenait de ses cauchemars, sa grand-mère lui parlait d'un petit chat que sa mère maltraitait et battait comme plâtre.

« Le petit chat, c'est elle. Sa mère la cognait quand elle était enfant », lui confierait Henri.

Elle n'avait presque plus de mémoire immédiate mais son passé et son enfance lui revenaient dans le désordre, dans un carambolage de chocs fulgurants. Tout ce qui avait été mis sous le tapis remontait à la surface, elle se souvenait, elle faisait le tri, elle allégeait son cœur. Elle se préparait à mourir.

Les aides-soignantes disparaissaient du jour au lendemain, ne supportant plus de laver et de torcher une vieille dame qui perdait la raison.

Alors Aurore avait pris le relais. En lui donnant son bain, elle observait le corps de sa grand-mère, décharné par la vieillesse ; ce corps qui se débattait pour échapper au lavage, comme un chat qui n'aime pas l'eau. Henri trouvait que sa fille avait tort. Ça n'était pas son rôle de faire ça. Aurore pensait que c'était au minimum son devoir. Toute sa vie, sa grand-mère avait tenté de lui donner ce qui lui manquait : amour inconditionnel, affection, empathie, tendresse. Elle l'appelait toujours « mon trésor ». Aurore se souvenait avec reconnaissance de tous ces après-midi après le décès de sa mère durant lesquels Louis XVI était venue la chercher à la sortie de l'école. Lorsque c'était la nounou, Aurore s'enfuyait. Elle ne voulait pas que les gens pensent que cette baby-sitter allemande aux décolletés plongeants et aux fesses saucissonnées dans des jupes-crayons moulantes puisse être sa mère. Cette femme, dont le petit ami venait ensuite la bécoter sur le canapé du salon, avait aux yeux d'Aurore tous les attributs d'une traînée. Elle n'était pas la fille d'une traînée.

En lui tendant des petites cuillères de compote de pomme que Lilou peinait à ingurgiter,

Aurore observait sa robe de chambre en éponge bleue, fermée par une épingle de nourrice. À la fin de sa vie, tous les objets de son quotidien, tous ses vêtements, tenaient ainsi. Comme ces vieilles femmes dont Aurore s'était occupée un été, à Lourdes, dont les culottes rapiécées et les trousses de toilette fermaient elles aussi à l'aide d'épingles rouillées. S'éteindre dans le plus grand dénuement.

Née pendant la Première Guerre mondiale, elle avait élevé ses trois enfants au cœur de la Seconde. Elle n'était pas pingre, elle était économe. Elle appartenait à cette génération qui éventrait les tubes de crème et de dentifrice pour en racler le fond. Aurore revoyait l'intérieur du frigidaire de Louis XVI, dans lequel elle entassait des petites assiettes à entremets avec des bouts de riens qu'on n'aurait pas proposés à un chien. Un morceau de viande noire recouvert de graisse blanche, des petits pois séchés avec trois rondelles de carotte pas plus fraîches, un vieux quart de chèvre dur à s'en casser les inlay cores. On avait beau passer son temps à jeter tous ces restes dans son dos, on avait beau lui dire, dès qu'on ouvrait ce garde-manger désespérant : « Mais, mamie, tout ça, à un moment, estomac ou poubelle, ça devient de la merde ! », c'était pour elle comme un devoir, une obsession, une culpabilité malsaine : ne pas jeter, rien, jamais. Ni les sacs plastique, ni les vieux papiers cadeaux, ni les rubans, ni les chaussettes trouées, ni ses vieux sacs à main dont les anses tenaient avec du scotch.

Les pensées d'Aurore voguaient ailleurs, quelque part dans le frigidaire, au-dessus des restes, quand Louis XVI lui avait susurré à l'oreille : « Je t'aime, mon trésor », dans un souffle qui semblait être le dernier.

« Je t'aime. » C'était la première fois qu'Aurore entendait ces trois mots de la bouche d'un membre de sa famille. Pourquoi cette phrase avait-elle toujours été si difficile à prononcer dans son milieu ? Son père semblait trouver ces trois mots à la fois obscènes, risibles, impudiques et gênants. Par amour de ses filles, pour les protéger et les mettre à l'abri, Henri les parachutait gérantes de SCI. Un décès, un enterrement, une maladie en vue, une inquiétude, une angoisse quant à leur avenir ou le sien et il les convoquait manu militari pour les emmener chez le notaire, où il leur faisait vendre et acheter des SCI qui rachetaient d'autres SCI qui aspiraient encore d'autres SCI. À défaut de dire « Je t'aime », Henri disait : notaire, signature, déjeuner, SCI. C'était sa façon d'aimer.

Désormais maman de deux petites filles nées en 2002 et 2005, Adèle s'était mise à les bombarder de « Je t'aime » pour conjurer cet atavisme familial. Dès qu'elles avaient eu accès à la parole, ses deux enfants s'étaient mises à répandre ce « Je t'aime » à leur tour, l'adressant à leur grand-père, gêné, qui leur répondait, tremblotant : « Oui, oui, ça va comme ça, on ne va pas passer notre vie à se dire je t'aime, c'est ridicule, à la fin. »

Plus elles grandissaient, plus elles lui disaient « Je t'aime », et plus il parvenait à recevoir ces trois mots sans frissonner : « Oui… Oui, moi aussi… »

À 2 ans, la fille d'Aurore avait pris le relais. Henri y répondrait de son mieux, rougissant comme si, à cause de ces trois mots, sa forteresse menaçait de s'écrouler. Et puis, un jour, le miracle était arrivé. La petite fille, âgée désormais de 4 ans, avait dit « Je t'aime » à son grand-père pour la millième fois et il avait répondu : « Moi aussi… beaucoup » avant de se raviser : « Non… Je t'aime… tout court. »

À 81 ans, pour la première fois de sa vie, Henri avait dit « Je t'aime » en public et c'était à une enfant de 4 ans que l'on devait ce miracle. Dès lors, le grand-père et la petite personne s'étaient couverts de « Je t'aime » sous le regard attendri d'Adèle et Aurore qui, loin d'avoir tout réussi, avaient quand même accompli l'essentiel : mettre l'amour au cœur de la vie de leurs enfants, qui en connaissaient le pouvoir, la valeur, savaient le formuler, le donner et le recevoir.

Après ce « Je t'aime », Aurore avait appelé Arthur pour lui dire que leur grand-mère vivait ses derniers instants, et qu'il fallait qu'il vienne.

Le 27 août 2016, Louis XVI avait cessé de respirer. Jusqu'à son dernier souffle, elle avait senti le savon. Elle sentait si bon, elle qui n'aimait pas qu'on la lave. Arthur était arrivé trop tard, il n'était pas en état, il ne s'en sentait pas capable.

Aurore avait écrit un texte qu'ils devaient dire à l'église à trois voix avec Arthur et Adèle. L'alpha avait les narines pleines de cocaïne. Ses mâchoires serrées l'empêchaient d'articuler et il parlait à toute vitesse. La jambe droite d'Aurore tremblait. Adèle sanglotait. Ce trio d'adultes ressemblait à trois grands enfants qui avaient perdu leur deuxième maman, leur coqueluche, leur passion. L'assemblée avait applaudi dans l'église.

Dans le cortège qui accompagnait Louis XVI au cimetière où Anatole avait été enterré vingt-neuf ans plus tôt, Arthur avait prétexté une envie de pisser. Il était sorti de la procession et était parti se cacher derrière une grange. Il en était revenu l'œil vitreux, la mâchoire encore plus crispée. Aurore s'était demandé dans quel genre d'état pouvait se trouver quelqu'un qui va sniffer des rails de cocaïne sur le chemin qui mène la femme la plus importante de sa vie à sa mise en bière ? Un état de mort vivant.

Au Diable Vauvert, où avait lieu le cocktail post-enterrement, Aurore était tombée sur une photo d'Arthur, Adèle et Anatole prise sur le perron de La Brosse. Assis sur les marches grises de la terrasse, maigres et pâles, ils sont vêtus de shorts, de bottes en plastique et de petits tee-shirts blancs.

En observant cet instantané, Aurore avait réalisé combien le cliché de famille des années 1970 disait bien plus de ses modèles que les images d'aujourd'hui, où les adolescentes savent déjà aspirer leurs joues pour se donner l'air plus minces, où les mères font des bouches de canard pour sembler plus jeunes et où les enfants maîtrisent déjà le « cheese ». De nos jours on met des filtres, on retouche les portraits pour ne pas se confronter au réel mais, en 1977, la photo dit ce qu'elle est. Aucun de ces trois enfants ne sourit. Est-ce qu'ils se demandent ce qu'ils font là ? Pourquoi cette attention soudaine ? Ils sont livides comme leurs tee-shirts blancs. Tout ce que les adultes se refusent à voir est là sous leurs yeux. Derrière ces visages aux regards perdus, il y a une mère qui ne mange plus et s'abrutit de médicaments. Il y a le divorce des parents d'Arthur et Anatole. Il y a Catherine sous anxiolytiques. Il y a Arthur qui présente les premiers signes de sa bipolarité, Adèle qui est gauchère, dyslexique et dysorthographique. Et il y a Anatole avec les poings serrés de la colère.

Quel était l'adulte qui avait pris cette photo pour la postérité, les souvenirs et les albums ? Quel était l'adulte qui avait demandé à ces enfants de poser et n'avait pas vu ce qui se tramait dans leurs regards, ce que trahissaient leurs corps chétifs et leurs yeux creusés ? Qui était l'adulte qui avait vu ces gamins et ne les avait pas vraiment regardés ?

Malgré les mises en garde du psychiatre de l'hôpital Necker, un an après son coma, Arthur avait replongé et sa consommation de stupéfiants était exponentielle.

Il travaillait pour une agence immobilière dont le patron l'avait mis en contact avec un dealer exceptionnel, Henouar, qui vivait dans le 12e arrondissement de Paris.

Arthur le décrit à Aurore comme un petit gros de 45 ans, Marocain aux cheveux gris qui se trimballe à travers la capitale sur un scooter déglingué.

Arthur lui achetait à l'époque entre trois et quatre grammes par jour, soit 6000 euros par mois.

Chaque matin, il se rendait chez Henouar comme on sort prendre son petit noir au café du coin. Ecsta, coke, tout y passait. Libre-service. Une trouvaille, cet Henouar. Arthur connaissait tous ses codes d'accès et son emploi du temps : ouverture à 9 heures, fermeture après le déjeuner, courses à 14 h 30, retour à 17 heures.

Si Henouar entrait en conflit avec un client, il risquait de se faire dénoncer et de partir au gnouf. Alors Henouar se tenait à carreau.

Tous les deux mois, il organisait une fête sur les quais de Seine, près de Saint-Michel, qui lui rapportait une blinde. Des Bacchanales pour zombies de minuit à 9 heures.

Le boss d'Arthur avait acheté une boîte de nuit, un sous-sol à Arts et Métiers. Arthur y avait emmené Henouar, qui recherchait un endroit pour organiser des partouzes. Le dealer était tombé si amoureux de l'endroit qu'il considérait désormais Arthur comme un ami.

« On se rendait des services », dit Arthur.
Henouar était devenu son drugstore.

À cette époque, Arthur vivait avec une certaine Anne-Laure qu'Aurore avait croisée en boîte à bac à République. Une rousse, aristo un peu fofolle. Arthur l'avait rencontrée un an avant son overdose. Ils ne s'étaient retrouvés qu'en 2015, à un anniversaire à Marseille, où il avait fini par la « serrer ». Quand Anne-Laure était tombée enceinte d'Arthur, il « tapait » comme un dément. Elle ne s'en était aperçue que neuf mois plus tard, quand il n'était pas arrivé à temps pour la naissance de sa troisième fille. Il avait fait son apparition à la clinique le lendemain, chargé à bloc. Il revenait d'un week-end où il avait emmené Fadila, une jeune femme rencontrée chez Henouar, dans un hôtel de luxe à vingt-cinq kilomètres de Paris où ils avaient essentiellement baisé et tapé.

Fadila, 46 ans, touchait le RSA et vivait avec 400 euros par mois. Elle comptabilisait à elle seule plus de 25 000 euros de dettes de came. À part attendre un hypothétique héritage, Fadila ne faisait rien. Son père était mort et elle tablait sur son fric, que sa mère ne voulait pas qu'elle touche. À 30 000 euros de dettes, Henouar en avait eu marre.

« Je veux plus te voir, Fadila, ou alors tu payes en nature. »

Il n'arrivait pas à se la faire. Une teigne, cette fille.

Un matin, en manque, Arthur s'était rendu chez son vendeur de poussière d'étoiles à moto. Il roulait vite, trop vite. Une voiture avait grillé la priorité et percuté Arthur de plein fouet. Il avait été transporté en urgence à la Pitié-Salpêtrière. Après plusieurs examens du crâne, il avait signé une décharge et s'était enfui contre l'avis des médecins pour aller chercher sa dose, puis il avait filé se réfugier chez sa mère qui l'avait sommé de retourner à l'hôpital. Il divaguait, il n'était pas dans son état normal. De retour chez Anne-Laure en fin de journée, Arthur avait constaté que sa langue avait doublé de volume. Il s'était engueulé avec sa femme, qui le menaçait d'appeler les urgences pour qu'on le ramène à l'hôpital. Arthur était reparti chez Henouar acheter un gramme de coke supplémentaire.

Il était tellement dépendant qu'il pensait sincèrement que la coke allait arranger ça, cette langue. La poudre en poche, il avait appelé ses filles, leur expliquant qu'il fallait impérativement qu'elles l'accompagnent à l'enterrement d'une tante qui venait de mourir et qu'ils partiraient tous en train le lendemain matin. Ses filles étaient habituées à ce genre de coup de fil où il racontait n'importe quoi mais là, tout de même, elles l'avaient trouvé particulièrement incohérent.

Arthur avait fini par se réfugier chez un couple d'amis, il y avait terminé son gramme et s'était endormi sagement sur le canapé du salon. Il s'était réveillé au beau milieu de la nuit puis il était monté sur une trottinette en libre-service. Ne sachant plus très bien où il se trouvait, il avait fini par tomber raide sur le trottoir. Quand les flics l'avaient retrouvé, ils étaient convaincus qu'on l'avait agressé. Son crâne saignait.

Coma.

Le quatrième.

Arthur et Aurore ne se parlaient plus depuis deux ans. À cause d'une connerie. Lorsqu'il s'était remarié avec Anne-Laure, il n'avait invité ni Aurore ni Adèle. Aurore s'en foutait pas mal, elle avait ravalé ses déceptions et ses désillusions depuis la mort de Louis XVI, où quelque chose s'était brisé entre eux – cette indécence de trop avait altéré définitivement l'admiration et les espoirs qu'elle nourrissait pour lui. Mais Adèle avait tenu bon à ses côtés, elle l'avait accompagné chaque semaine durant des mois à la clinique des bipolaires voir le Dr Dray. Elle avait pris soin de lui et de ses enfants pendant des vacances entières. Elle lui avait prêté de l'argent. Elle lui avait tout pardonné.

Après ce quatrième coma, peu importait les trahisons, les mensonges et l'inacceptable, Adèle et Aurore étaient encore là, à poireauter des heures dans un café qui empestait la friture en face de l'hôpital Lariboisière, où Arthur avait été admis en réanimation. Elles guettaient la sortie de sa femme pour aller le voir avant qu'on ne le débranche. On en était là.

Anne-Laure avait établi une liste de gens autorisés à lui rendre visite. Catherine, sa propre mère, et ses cousines, Adèle et Aurore, n'y figuraient pas. Ses enfants non plus. *Tabula rasa*. La voie enfin libre, Aurore avait attendu des après-midi entiers dans le sous-sol sinistre de cet hôpital qui avait tout d'un parking de grande surface. Des flèches de couleur au sol indiquaient le chemin des différents services : urgences, oncologie, chirurgie, scanner, analyses, pédiatrie, réanimation… Des heures, assise aux côtés de la mère d'Arthur, le temps que le personnel hospitalier pratique différents examens sur son fils.

Cette femme avait perdu un enfant, lui en était à son quatrième coma. Elle en avait plus qu'assez de le voir flirter avec le précipice. Subitement, Catherine s'était mise à parler à Aurore de la façon dont elle pourrait mettre fin à ses jours, passant en revue les différentes possibilités avec désinvolture.

« La Seine, c'est dégueulasse.

— La pendaison ?

— N'y pense même pas, avait-elle dit d'un air offusqué.

— Le pistolet ? »

Elle avait haussé les épaules comme si Aurore avait dit une connerie.

« Je n'en ai pas et je ne saurais pas m'en servir.

— Sinon, vous pouvez sauter par la fenêtre ?

— J'y ai pensé, figure-toi, mais j'habite au premier, je vais finir paraplégique. C'est tout ce qui va m'arriver, et, comme mon deuxième mari est mort, y aura personne pour me pousser. Non, les médicaments sont ma seule option.

— Vous croyez en Dieu ?

— Après tout ce que j'ai enduré, c'est difficile mais oui, je crois. Je crois que je crois... Et toi ?

— Je crois bien que non. »

Et elles avaient ri.

Des médicaments, Catherine en avait tellement ingurgité : calmants, antidépresseurs, anxiolytiques, somnifères. Aurore se disait qu'il en faudrait une sacrée quantité pour venir à bout de cette carcasse indestructible. Les médocs, cet autre atavisme familial. Aurore se souvenait de son grand-père Raoul, grand migraineux qui se trimballait partout avec un attaché-case à codes en cuir noir rempli de médicaments. Avant chaque repas, il plongeait sa large main dans la poche de son pantalon en velours, en extirpait une poignée de pilules de toutes les couleurs qu'il avalait d'un seul coup, avec un grand verre de vin.

Son fils aîné, Henri, migraineux lui aussi depuis ses 8 ans, avait pris le relais, à ceci près qu'il s'automédicamentait et se fournissait partout où ça lui était possible. Ce qui était interdit à la vente dans l'Hexagone lui parvenait sous le manteau. Il ne rapportait ni babioles ni souvenirs de ses voyages, mais des médicaments interdits en France.

« Quand est-ce que tu vas en Suisse ou en Italie ? Tu n'as pas des amis au Brésil ? Si ? Formidable ! Tiens, envoie-leur ça de ma part. »

Il sortait alors une liste de pilules à faire livrer à son intention, à la conciergerie de son club de sport, Paris centre. Lorsque le butin arrivait à destination, il recevait des SMS dignes d'un toxicomane :

« Le paquet est arrivé, je répète, le paquet est arrivé. »

Aurore ne l'avait jamais vu aussi fou de bonheur que le jour où il avait déniché un antidouleur dernier cri lors d'un voyage à Nairobi, au Kenya. Le *Vidal* était la bible d'Henri, qui se prenait pour un docteur, distribuant des ordonnances à tour de bras. On lui concédait du reste un excellent diagnostic. Pour faits d'armes, Henri totalisait dix points de suture au sourcil droit d'Adèle, un été 1980 à Àgios Nikòlaos, en Grèce. Il avait également sauvé le caniche d'une amie de La Principessa, victime d'une crise d'allergie mortelle.

Le vétérinaire avait dit :

« Vous pouvez remercier votre ami, il a fait ce qu'il fallait. »

Henri avait fait toute sa carrière dans l'immobilier.

Dans la salle d'attente du service de réanimation, les membres de Catherine s'étaient mis à trembler, sa tête à dodeliner, ses poignets recouverts de bracelets à s'agiter comme ceux d'une alcoolique atteinte de delirium tremens. Aurore aurait voulu la calmer, la stabiliser. Elle rêvait de l'attacher pour mettre fin à ces secousses qui la rendaient dingue. Quand, tout à coup, après lui avoir parlé suicide, Catherine s'était mise à lui parler de cul. À 83 ans, elle lui parlait de cul, là, dans la salle d'attente du service de réanimation de l'hôpital Lariboisière, où son dernier enfant oscillait entre la vie et la mort. On parlait de le débrancher et, elle, avec sa coiffure casque sans âge, sa quincaillerie autour du cou, son pantalon gris, ses chaussures Mephisto et toute cette allure conventionnelle, lui parlait de son appétit sexuel de jeune fille. Elle évoquait la gourmandise de son ex-mari qui, sous ses airs d'aristo austère et mutique, ne pensait qu'à ça. Elle lui avait dit : « On est pareilles, toutes les deux. C'est de famille, ça aussi, comme les médicaments. Le cul, chez les DP, c'est vital, c'est sacré. »

Lorsque Arthur avait fait sa première overdose, Catherine était en voyage de groupe dans le Rajasthan. En attendant son retour, Henri avait pris sa place comme adulte référent. Le médecin avait été catégorique. Le sang d'Arthur était si toxique que si, par miracle, il se réveillait, la moindre substance illicite lui serait fatale. Dès son arrivée à l'hôpital, alors que Catherine veillait son fils donné pour mort, Henri lui avait fait part de cette information. Elle avait fait l'autruche. Ne pas en parler, jamais, pas de ça chez elle.

Arthur soutient à Aurore qu'avant la mort d'Anatole il n'avait aucun problème d'humeur. Pour lui, tout commence après l'accident. C'est ce choc qui a tout déclenché. La séparation de ses parents avait préparé le terrain.

Au moment de son divorce, Catherine avait emmené ses deux fils voir une pédopsychiatre pour parler des accès de colère de plus en plus problématiques d'Anatole. La psychiatre avait dit : « Le petit, ça va. C'est le grand qui m'inquiète. » Et Catherine était ressortie de là, certifiant que les psys, c'était de la merde, qu'ils n'y comprenaient rien.

Elle avait cru, à tort, que tout était sous contrôle, que son fils s'en sortirait toujours, avec sa belle gueule, son bagout, son capital social et son éducation. L'autruche. Catherine était la reine des autruches.

Peut-être repensait-elle à tout cela dans cette salle d'attente. Aurore, elle, y pensait.

Un mois s'était écoulé au service de réanimation de l'hôpital Lariboisière et Arthur ne montrait aucun signe de réveil. Ses poumons étaient infectés et il avait fait un arrêt cardiaque durant son coma. Le médecin était loin de se montrer optimiste, il était même catégorique :

« S'il se réveille, ce sera un légume, un être à charge, jamais il ne retrouvera ses capacités physiques et mentales. »

Lasses de voir leur père draguer la mort, ses filles pensaient qu'il ne fallait pas s'acharner, qu'il fallait le laisser partir. Cette vie de souffrances avait assez duré, sans doute serait-ce un soulagement pour lui. Anne-Laure était contre. Elle était maman d'une petite fille d'à peine 2 ans. Ça se comprenait. C'était humain. Catherine ne savait plus quoi penser. Elle n'avait plus les mots. Tobie, le père d'Arthur, restait mutique. Anne-Laure aurait le dernier mot, ils étaient mariés. C'était à elle que reviendrait la décision finale.

Refusant qu'on le débranche, Anne-Laure passait pas loin de six heures par jour à son chevet. Elle lui faisait écouter la voix de sa fille, les musiques qu'il aimait, et lui donnait en cachette de l'opium en homéopathie.

Et un beau jour, le voilà qui se lève d'un coup sur son lit, comme revenu d'entre les morts, s'étouffant en même temps qu'il tentait de respirer. L'infirmier présent, adepte de la boxe thaïe, lui avait flanqué un énorme coup dans la poitrine, un électrochoc pour que son cœur reparte. Arthur hurlait, arrachait ses perfusions, insultant le personnel hospitalier qui s'agitait autour de lui, telle une ruche d'abeilles méthodiques autour de leur reine subclaquante.

Nous sommes le 18 décembre 2021, le phénomène est sorti de son quatrième coma. Son premier, il l'a fait à 1 an à cause d'une intolérance au lactose.

Aurore avait couru à l'hôpital pour le voir et lui dire qu'elle l'aimait. Tout amaigri sur son lit, le corps couvert de longs poils noirs, le regard enfantin et mélancolique, il réclamait des M&M's, disait qu'il avait la dalle, qu'il avait soif, qu'il voulait de l'Orangina et des clopes.

Elle avait attrapé une gourde pleine d'un liquide qui ressemblait à de la compote, avait tenté de lui en donner, il s'était étouffé. Interdiction de lui faire manger quoi que ce soit alors qu'une machine de torture, enfoncée dans sa bouche et son nez, l'aidait à expectorer toute la merde qu'il avait dans les poumons. Ses lèvres saignaient. Il avait l'air de souffrir.

Quelques jours plus tard, on l'avait changé de service et il était passé du sous-sol au premier. C'était ainsi à Lariboisière : plus les patients se rapprochaient de la vie plus ils montaient dans les étages. Lorsque Aurore était arrivée, Tu Lèches, Adèle et Catherine étaient à son chevet. Aurore s'était faite belle pour Arthur, elle portait un kilt court, des cuissardes et ses cheveux crépus étaient lissés. Arthur lui avait dit qu'il la trouvait « bonne ». Tu Lèches avait acquiescé tandis que Catherine la regardait de biais comme on détaille une traînée. Un jour elle vous aimait; un autre, elle vous épiait avec mépris. Il ne fallait pas le prendre personnellement.

Mais, à cet instant précis, Aurore avait repensé à cette même sensation de dégoût que Catherine avait provoquée en elle un après-midi de 1999 à La Motte. Alors âgée de 25 ans, Aurore lui avait présenté son petit ami de l'époque, bouclé et basané, de douze ans plus âgé qu'elle. Catherine lui avait tendu la main avec un air méfiant à peine masqué par un sourire de convenance. Quelques instants après, elle avait pris Aurore par le bras:

« De quelle origine est-il, ce garçon ?

— Ouzbeks.

— Y en a plus beaucoup des Ouzbeks aujourd'hui.

— Non, j'ai pris le dernier », avait répondu Aurore, furieuse.

Et par pure provocation, elle avait repris:

« Et il est juif.

— Tu sais ce qu'on disait pendant la dernière guerre: chacun son bon Juif », avait conclu Catherine, fière de sa repartie.

Qu'est-ce que venait faire cette phrase sortie d'un discours de Himmler dans la bouche de cette femme qui avait passionnément aimé un Juif à 20 ans, fait dégager la couronne du FN à l'enterrement de son fils et qui aurait, quelques années plus tard, un grand amant turc ? Comment pouvait-elle encore prononcer de tels mots en 1999 ? Cet antisémitisme de salon, culturel, viscéral, qui ne reposait sur rien, Aurore ne le comprendrait jamais. Rouge de honte et de colère, elle avait pris la main de son petit ami pour fuir le plus loin possible de ce jardin, où les mots de la honte résonneraient toujours puisque les mots restent. Elle avait embrassé le cou salé par la transpiration de son homme sous le nez de Catherine et murmuré :

« Je suis désolée.

— J'ai plus de peine pour toi que pour moi », avait-il répondu, avec toute la hauteur de vue dont il était capable.

Catherine faisait pitié.

Arthur avait sorti Aurore de sa rêverie dans un éclat de rire. L'air inquiet, à voix basse, il avait désigné une infirmière qui passait dans le couloir :

« Vous voyez cette fille ? Elle vient régulièrement dans ma chambre pour me mettre un doigt dans le cul, et sans prendre le soin de fermer la porte en plus ! »

Catherine, Tu Lèches, Adèle et Aurore, hilares, essayaient de lui expliquer que c'était une infirmière, que ça faisait partie de son travail. Il n'en démordait pas.

« Je vous dis que cette femme me harcèle sexuellement. »

Il se plaignait aussi d'un médecin des assurances qui venait le cuisiner sur son lit d'hôpital pour examiner ses torts dans l'accident de moto qui avait précédé son coma. Pas idiot, il savait que les histoires de drogue annuleraient la prise en charge de ses soins, alors il se vantait d'avoir fait l'imbécile, le pauvre gars qui ne se souvient de rien, le type sous le choc. Le choc d'un titan.

Arthur leur avait confié ce jour-là qu'il entendait la voix de sa fille dans son coma, qu'il se battait pour s'en sortir, qu'il ne voulait pas « y passer ». La lumière venait, disparaissait, revenait, redisparaissait et, dès que le noir se faisait, il se sentait éperdument seul.

C'était irréel de le voir vivant, de parler avec lui, de le voir bouger. De quel bois était-il fait pour survivre inlassablement à l'inconcevable ? À peine réveillé d'un coma d'un mois où il avait caressé la mort, il faisait des blagues et riait de bon cœur comme s'il sortait d'une simple cure de sommeil et qu'il était de nouveau prêt à en découdre avec l'existence, à l'attraper par le colbac. La routine.

À sa sortie d'hôpital, Arthur était demeuré injoignable. Anne-Laure lui avait confisqué son portable, ses cartes bleues et il avait interdiction totale d'acheter un autre téléphone. Durant son coma, elle avait épluché les contacts de son smartphone et avait appelé tous ses amis drogués pour les insulter. C'est ainsi qu'elle avait découvert l'existence de Fadila, qu'elle avait contactée à son tour.

« Viens faire le ménage à la maison, sale pute marocaine !

— T'as pas compris ? C'est toi qui vas venir lécher la cuvette de mes chiottes. Si tu rappelles, je viens te casser les dents, sale bourge ! »

C'était à peu près la teneur ouatée des échanges entre les deux femmes.

Sans téléphone, sans contacts, Arthur s'était rendu chez Henouar pour remonter la trace de ses souvenirs et retrouver Fadila.

Henouar lui avait donné son numéro et l'avait chargé de lui transmettre un message : elle devait payer ses dettes.

Arthur avait appelé Fadila, il s'était rendu à son adresse à Montreuil où elle vivait dans un cloaque de vingt mètres carrés. Il lui avait transmis le message d'Henouar.

La teigne avait répondu : « Pour qui il se prend, cet Arabe ? »

Fadila ne vivait que la nuit ; la journée, elle dormait. En venant la voir, Arthur ne pensait qu'à remettre le couvert mais, en découvrant cette femme telle qu'elle était, droguée, perdue et fatiguée, locataire d'un taudis, il avait compris que, sans cette substance de cinglé, il ne l'aurait probablement jamais regardée.

Elle non plus, sans doute.

Arthur replaçait les pièces du puzzle, il voulait savoir ce qui s'était passé, remettre de l'ordre, tout reconstruire. Pour savoir où aller, il devait comprendre d'où il venait.

Lorsque Aurore et lui se retrouvent en ce jour de 2021, cela fait un an et trois mois qu'il a tout arrêté. Pourtant, il en a déjà revu, de la cocaïne, depuis qu'il est sorti de son dernier coma. Venu chercher de l'herbe chez un ami dealer dans le Berry, ses copains ont pris des traces sous son nez, lui en ont même proposé. Miraculeusement, il a pris son herbe et s'est tiré de là. Des amis comme ça, tout le monde s'en passerait, avait songé Aurore.

Désormais, pour nommer la cocaïne, Arthur dit « le diable » et, dès qu'elle lui revient en pensée, il lui demande de partir.

Ça a l'air de fonctionner. Pour combien de temps ?

11.

Au Diable Vauvert

« Allô ! Aurore ! Tobie va mourir, il faut que tu appelles ton père pour savoir s'il est d'accord pour qu'il soit enterré dans le même caveau que Louis XVI et Anatole.

— Tobie est malade ?

— Une occlusion intestinale, il va mourir à cause d'un étron coincé.

— Mais non, Arthur ! Personne ne meurt de constipation !

— Il m'appelait une fois tous les deux jours, il gueulait tout le temps, comme d'hab. Il s'était fait vacciner contre le Covid, il était content. Sept ans de commando para, la guerre d'Algérie et il va mourir d'une crotte coincée, je t'envoie une photo.

— Non ! Je ne veux pas voir de photos de ton père sur son lit de mort. »

Le téléphone d'Aurore s'était mis à vibrer et la vidéo de Tobie respirant péniblement dans sa petite tunique d'hôpital blanche et bleue était apparue sur le téléphone d'Aurore.

« Pourquoi tu n'appelles pas ta mère ?

— Ma mère, elle perd la tête, c'est le troisième confinement, elle est insupportable. Elle t'impose ses choix toute la journée. Appelle ton père, je te dis ! »

Il avait raccroché.

Aurore avait pris son téléphone et appelé Henri, docilement.

« Allô, Papa, voilà, Tobie va mourir et Arthur voudrait savoir si tu es d'accord pour qu'il soit enterré dans le caveau familial avec Louis XVI et Anatole ?

— Tobie va mourir ?

— Oui, une crotte coincée.

— Qu'est-ce que c'est que cette histoire ?

— Arthur vient de m'appeler, il m'a envoyé une vidéo et, effectivement, Tobie n'a pas l'air bien.

— Mais enfin on ne meurt pas de constipation voyons, la paralysie du péristaltisme intestinal ça se soigne, il faut faire une absorption par les voies hautes et…

— Stop ! Papa. Je pense qu'à l'hôpital les médecins savent très bien ce qu'ils font. Et tu n'es pas docteur, tu es promoteur immobilier. Donc, le caveau ?

— Mais moi je ne suis pas prévu dans ce caveau-là. Je suis prévu à Dun-sur-Auron, avec vous. Il faudrait qu'on en discute, d'ailleurs…

— Non, non, papa, je ne veux pas discuter de ça maintenant. Tu vas très bien et nous aussi. Mais, pour le caveau, qui est en charge ?

— Appelle ton oncle.

— Ton frère ? Tu ne veux pas l'appeler, toi ?

— Oh ! Non, non, non, appelle-le, toi, moi je n'y arrive pas. »

Aurore avait composé le numéro de son oncle.

« Allô, oncle Pierre, je vous appelle, c'est un peu bizarre, mais, voilà, Tobie va mourir…

— Comment ça, il est malade ?

— Oui… Il est à l'hôpital.

— Ton père ? Mais personne ne m'a rien dit ?!

— Non, pas Henri ! Tobie. Et Arthur voudrait savoir si vous seriez d'accord pour qu'il soit enterré avec Anatole et Mamie dans le caveau familial.

— Oh ! Ben oui, bien sûr. On sera toujours mieux à plusieurs. Mais appelle ton père surtout, c'est lui qui s'occupe de tout ça.

— Non, papa dit que, lui, il est prévu à Dun-sur-Auron.

— Ah ! Bon. Alors, appelle Catherine.

— Appelez-la, vous, c'est votre sœur.

— Ah ! Non, non, non, non, non, appelle-la, toi. Moi je ne peux pas. En revanche, faudra sortir maman, la mettre à côté de Raoul et déplacer Anatole pour le mettre à côté de Tobie. Quant à moi… je ne sais pas, on me trouvera bien une petite place auprès de maman…

— Je vous laisse, c'est Arthur qui me rappelle.

« Allô, Arthur. Pour le caveau j'ai eu tout le monde, il manque plus que ta mère… Appelle-la !

— Ah ! Non, appelle-la, toi. Moi, j'y arrive plus. Elle tremble de partout. Tenir un téléphone, pour elle, c'est devenu impossible. À table, quand elle boit un verre de rosé, elle en renverse la moitié sur ses fringues. Je ne sais même pas comment elle arrive à se brosser les dents tellement elle clignote.

— Faudrait peut-être l'emmener chez le médecin, non ?

— Elle déteste les médecins et elle ne veut pas se faire soigner parce qu'elle ne veut pas payer. Tu sais, j'ai plus de dents à cause de mes conneries, j'en ai pour 40 000 euros et elle ne veut pas m'aider. De toute façon, il faut toujours qu'on fasse comme elle a décidé. J'avais tout réorganisé pour voir le paysage et le Cher au Diable Vauvert, j'avais rasé les acacias parce que c'est moche et que ça pique... Eh bien, elle a tout saccagé et tout replanté. Alors qu'elle me l'a donné, putain !

— Elle t'a donné quoi ?

— Le Diable Vauvert. Je ne t'ai pas dit ? Maman m'a donné Le Diable Vauvert. Maintenant, elle veut le reprendre et me mettre sous tutelle. Elle pense que je vais tout sniffer. Alors que je ne prends plus rien, putain ! »

Aurore avait soudain réalisé la folie de cette phrase : « Maman m'a donné Le Diable Vauvert. »

En donnant la vie, une mère donne la certitude de la mort à son enfant.

Arthur avait eu Le Diable Vauvert mais personne ne lui avait jamais expliqué quel chemin emprunter pour parvenir au bout du monde. Comment faire pour un jour, dans l'existence, connaître ce sentiment profond et immuable d'être arrivé à la maison ?

Le téléphone d'Aurore avait sonné de nouveau.

« Allô ! Aurore ! Tobie s'est réveillé. Tobie s'est réveillé ! »

Aurore avait rappelé toute la famille pour leur dire que tout était arrangé, que Tobie était sauvé.

Lorsqu'elle avait raccroché, épuisée, elle s'était dit, pour la première fois de son existence, que même si cela n'avait jamais été aisé pour elle de vivre, ça n'avait pas l'air plus facile de mourir.

12.
Stigmates

Assis face à Aurore à la table de sa cuisine, Arthur raconte ses rêves. Après un an, il commence tout juste à reparler normalement. Il reprend du Concerta pour la concentration. Sans le Concerta, il ne peut pas vivre. Ça lui permet de faire face aux discussions. C'est si difficile pour lui d'écouter, d'être au présent. Parfois, il ne sait tout simplement plus où il se trouve.

Ses souvenirs arrivent par flashs, dans le désordre : cinquante heures de travail sur une Austin Mini. Il se perd dans les devis et les calculs. Il dit que c'est la première fois depuis un an qu'il rêve. Au réveil, il tente de continuer à vivre dans ses songes comme il avait l'habitude de le faire auparavant.

Aurore découvre ainsi qu'il confond le réel avec ses chimères. Il lui relate un dîner à Genève chez son ex-femme et son nouveau mari qui planque son portable dans une paire de chaussettes rangée à l'intérieur d'un placard de sa cuisine, par peur d'être écouté. Aurore sait que cette scène n'a jamais eu lieu. Il a toujours tordu la réalité, le plus souvent à son avantage mais, à force de comas et de drogues, désormais il la fantasme et se berce d'illusions.

Aurore lui demande quelle est sa plus grande peine de cœur. Il lui répond Solène, sa première femme, sans hésiter.

« Elle était si belle… Elle est venue me voir à l'hôpital, tu sais. Et puis je l'ai croisée cet été à l'île de Ré, sublime. Je l'ai dit à mes filles : si son couple capote, je pose ma candidature. »

Rêver, encore.

En venant voir Aurore, il s'est perdu dans le métro. Il s'est trompé de station tout comme hier, avant-hier, et sans doute demain. Il lui est désormais impossible de suivre une conversation avec plusieurs personnes à la fois. Il a de lui-même augmenté sa dose de Concerta et dit s'être soudain souvenu de tous les noms des gens qu'il avait invités à son mariage. Une petite victoire.

Il passe cinq heures par jour devant Netflix, excellente rééducation dans la mesure où il ne se souvient jamais du premier épisode des séries qu'il regarde. Aurore pense secrètement à tous ces scénaristes qui se donnent un mal de chien pour trouver des climax, des retournements, des coups de théâtre et de larges mouvements dramatiques afin de river les spectateurs à leurs écrans – et à son Arthur qui regarde tout ça comme on regarderait passer un train.

Il a pris dix-sept kilos. À porter, c'est inhumain. Il ne peut plus lever la jambe, ne peut plus faire les grands écarts qu'il a toujours exécutés avec une facilité déconcertante. Il est partiellement incontinent. Quand il se promène dans la rue, il lui arrive de rentrer chez lui avec des paquets de merde au fond de son pantalon. Quatre de ses orteils ne répondent plus. Il aimait et savait danser, il avait un rythme inouï. Tout ça, c'est fini.

À l'hôpital Fernand-Vidal, Arthur a signé une décharge disant qu'il accepte que des spécialistes examinent son cas.

« Quarante autres personnes souffrant du même type de pathologie ont été sélectionnées en France pour être observées comme moi. »

Il annonce cela à Aurore avec beaucoup de fierté, comme s'il était un individu à part, un cas d'école dont l'étude pourrait s'avérer d'une grande utilité scientifique à cette part de l'humanité en souffrance psychique et mentale. Un type qui a survécu à quatre comas, ça ne court pas les rues. C'est sa fierté. Le tableau de chasse de ce trompe-la-mort qui s'est toujours empiffré d'excès.

Désormais, il a deux psys qu'il trouve formidables. D'après eux, il lui reste encore un an et demi à supporter cet état si, et seulement si, il fait bien sa kiné pour l'incontinence. Il s'est quand même permis de leur demander un peu de Cialis. Il ne bande plus comme avant.

Se reposer, lire des histoires à sa dernière fille, l'emmener à la crèche, aller la chercher… À part ça, peu de choses le rendent heureux, il n'a plus accès aux émotions naturellement. Tout lui semble fade. La seule chose qui pourrait le faire vibrer de nouveau, dit-il, c'est un boulot.

Il est bien allé passer un entretien dans une agence immobilière, trois mois après sa sortie du coma. Un fiasco, une scène d'une grande cruauté où il a assisté, impuissant, à sa propre humiliation.

Ce jour-là, à 53 ans, il a compris qu'il ne retravaillerait probablement jamais.

Arthur dit qu'il pense à son frère une fois par jour. Il revoit Anatole avec la tête fracassée et du sang partout.

« C'est pas propre, c'est pas beau. »

Cette image ne lui est revenue que deux ans après leur terrible accident, pour ne plus jamais le lâcher.

« Si je ne lui avais pas rendu ses pompes, à Joseph… On n'en serait pas là. »

Il adorait Louis-Ferdinand Céline, *Mort à crédit* surtout, mais aussi Blaise Cendrars, Douglas Kennedy… Lire un livre en entier lui est désormais impossible.

« Faut que je m'y recolle. Je suis seul dans mon truc, il va bien falloir que je m'en sorte. Je ne peux même pas demander le RSA parce que je suis marié à une fille qui a des moyens. Ma pauvre retraite, ce sera 1 200 euros. Si j'avais épargné tout ce que j'ai dépensé en coke, j'aurais 2 millions d'euros aujourd'hui. »

En finir, ne penser qu'à la mort et puis se rebiffer dès qu'elle approche. Ne pas vouloir de la fin mais la frôler tout le temps en témoignant d'un instinct vital fou. Rechercher ce moment où l'on va y passer et l'éviter, de justesse. Parfois, lorsqu'il conduit et croise une voiture, il s'arrête pour provoquer l'accident. Au dernier moment il accélère, incapable d'envisager le mot FIN.

À 53 ans, il a enfin découvert le mot PEUR.

De la bande des chiens fous présents à La Beach, beaucoup ont eu des parcours de vie dramatiques.

À 45 ans, Manu est mort, étouffé dans son vomi.

À la fin de sa vie, il buvait de l'eau de Cologne pour se saouler à bas prix. À 18 ans, il racontait à ses parents qu'il avait obtenu son bac et s'était inscrit en marketing à la fac. Ensuite qu'il était en stage, puis qu'il avait trouvé un boulot… Rien de tout cela n'était vrai et personne n'avait vérifié, si bien qu'à 30 ans il livrait de la viande en camion aux particuliers des environs de Châteauroux, vidés de leurs commerces de proximité par la déferlante d'hypermarchés pullulant dans les zones industrielles. La campagne de l'enfance des chiens fous s'était littéralement métamorphosée depuis les années 1990, et les bourgs berrichons qu'ils avaient connus adolescents étaient devenus fantomatiques. Des travaux de rénovation engagés par la mairie avaient défiguré le village favori d'Aurore. Béton saumoné, dos d'âne inutiles et nouveaux lampadaires récusables défiguraient ce vieux patelin datant de Charles VII. On y pénétrait via un rond-point au centre duquel trônait un vélo gigantesque, hommage au Tour de France qui n'y passait jamais. Se succédant sur des dizaines de mètres, des vitrines poussiéreuses recouvertes de papier blanc annonçaient à l'envi : liquidation totale, liquidation judiciaire, bail à céder, fermeture… Seuls les salons de coiffure et les vendeurs de matériels gériatriques semblaient avoir survécu à l'e-commerce et au monde moderne. Et, fallait-il s'en réjouir ? JJ Gold, toujours debout, continuait à vendre des habits dignes de l'Allemagne de l'Est *made in China*. La rue qui menait à la gare était dorénavant peuplée de bars PMU, bars à chicha, bars à frites, bars-tabacs squattés par des hommes vêtus en mou de la tête aux pieds, habillés pour ne rien faire et aller nulle part. Ces pourvoyeurs de La Française des jeux grands professionnels du grattage, espéraient le miracle à coups de Millionaire, Jackpot, Pactole, Goal, Carré Or et Cash.

Dans les fermes, plus d'animaux ni de petits chèvres. Plus d'œufs frais ni d'odeur de purin chez Mme Bonnot mais des Carrefour Market et des Auchan surclimatisés où des pauvres en surpoids remplissaient leurs Caddies de produits transformés. L'aile entière d'un hyper était consacrée sans vergogne aux produits périmés. Une petite voix annonçait quelquefois que les lumières et le son de l'hypermarché allaient baisser pour « améliorer le confort d'achat de nos amis autistes ». La densité de population autistique était-elle plus importante dans le centre de l'Hexagone qu'ailleurs ? Les gérants d'hypermarchés faisaient-ils du zèle ? Ou tout simplement des économies d'électricité sur le dos des personnes neuroatypiques ?

Aurore peinait à traverser ces paysages de désolation, véritables concentrés des maux de son époque : chômage, désindustrialisation, alcoolisme, malbouffe, extrémisme, analphabétisme qui lui rappelaient des heures trop sombres.

Après quinze ans de sobriété, Tim avait replongé dans l'alcool et sortait de cure de désintoxication. Grâce à un nouveau médicament, il ne buvait plus mais il avait tout perdu : l'amour de son petit frère Tito, son travail, sa femme et la garde de ses enfants.

Lucky recelait des vélos volés, il buvait lui aussi et cognait sa femme. Elle avait demandé le divorce, il l'avait accepté.

Brise-Fer et Betty, mariés, cinq enfants, avaient voté Reconquête aux dernières élections. Élevés dans des châteaux, ils finissaient la course de leurs destinées dans une impasse existentielle, coincés entre les murs d'une petite maison de province avec pour unique exutoire le choix des extrêmes qui cocaïnisait leur déclassement social, le véritable terreau de leur aigreur.

Dans la queue de la boulangerie, Betty était allée jusqu'à bousculer une femme voilée qui l'avait interpellée :

« Pourquoi vous m'agressez ?

— C'est vous qui m'agressez avec votre tenue. La France est un pays laïc, le voile n'a rien à y faire. »

Trente ans auparavant, Betty urinait sur un canapé d'époque dans un château XIXe ; à plus de 50 ans, elle brutalisait une inconnue pour son appartenance religieuse affichée. L'aristocrate en pleine chute sociale s'envisageait encore au-dessus de tous, comme les domaines où elle avait grandi, qui surplombaient les paysages et leurs habitants.

Manouche vivait dans une yourte avec sa fille diagnostiquée haut potentiel. À 11 ans, elle s'était rebiffée contre l'école alternative et avait exigé de sa mère qu'elle la mette à l'école de la République.

Les filles tiennent toujours.

Épilogue

Tobie s'était battu pour survivre durant un an puis il s'était éteint. Aurore se torturait avec l'organisation à mettre en place pour se rendre à ses obsèques en province, elle qui élevait sa fille de 5 ans toute seule, abandonnée une fois de plus, une fois de trop.

« Je peux venir ?

— Non, tu es trop petite.

— C'est ma famille, Tobie ?

— C'est le papa d'Arthur, alors c'est un peu comme ta famille.

— Tu seras au premier rang dans l'église ?

— Non. Le premier rang, c'est pour la famille très proche.

— Et moi, à ton enterrement, je serai au premier rang ?

— Je ne veux pas parler de ça.

— Pourquoi ?

— Parce que c'est triste.

— Pourquoi ?

— On arrête avec les pourquoi.

— Et à mon enterrement à moi, il y aura toi, au premier rang, dans ton cercueil ?

— Ma chérie, un enterrement, ce n'est pas un spectacle.

— Si, l'a de la musique et le curé dans sa robe de princesse. »

Ne pas céder. Ne pas reproduire. Ne pas emmener sa petite fille à l'enterrement d'un vieil oncle.

Ne pas risquer la contagion du macabre dans un si petit corps. Ne pas lui en donner le goût, elle qui manifestait déjà une curieuse appétence pour le sordide. La petite personne voulait à tout prix assister à ce moment bizarre où les gens disparaissent dans des caisses en bois pour se faire ensevelir.

Quelques jours auparavant, le nouveau psychiatre d'Aurore lui avait donné des devoirs à faire : établir une courbe avec les moments clefs de son existence et les états psychiques afférents.

Le schéma achevé, Aurore en avait observé les mouvements. Ils étaient dignes d'une montagne russe, où des wagons lancés à vive allure exécuteraient loopings et descentes aux Enfers sous les cris stridents de passagers venus chercher l'excitation de l'effroi.

À l'issue de leur séance, le docteur avait sorti son petit bloc d'ordonnances et griffonné une prescription pour des antidépresseurs, des régulateurs d'humeur et des anxiolytiques. L'Effexor 37.5 et le Lysanxia lui étaient déjà familiers mais un petit nouveau s'était glissé dans la liste, le Lamotricine en 50 et 100 milligrammes.

« Et plus une goutte d'alcool ! » avait-il dit, le regard planté dans les yeux d'Aurore, sur le ton paternaliste et définitif qu'on utilise pour impressionner les enfants.

Ne plus boire. Promesse intenable. Rompue mais pas plus armée pour affronter les secousses de l'existence, Aurore s'assommait pour franchir les obstacles et faire taire les chagrins. Ça faisait trente ans que ça durait.

Une réunion de famille : Lysanxia. Une soirée malaisante : deux ou trois verres. Un *gloomy Sunday* : un grand ballon de vin rouge charpenté. On disait « lubrifiant social », elle pensait « lubrifiant vital ».

Et, miracle, la veille des obsèques de Tobie, une invitation à un anniversaire arrosé de champagne par 40 degrés lui donnait la précieuse occasion de s'enivrer avec méthode.

Le ventre vide, elle avait frénétiquement entamé la déglutition d'une « piscine », un bon mot par-ci, une citation par-là, pratiquant avec acuité et verve une autodérision sans merci pendant que ses interlocuteurs se tordaient le ventre. Une autre piscine et elle devisait sur le monde avec un simulacre d'intensité. Une troisième et ses jambes vacillaient tandis que ses tristes pensées s'évanouissaient dans ce continent qu'est l'ivresse et entamaient un voyage à travers une brume opaque au bout duquel elle trouverait le repos.

Le lendemain, elle était bizarrement à l'heure au rendez-vous fixé par son paternel pour rejoindre l'enterrement de Tobie ; lui, évidemment, non. Elle l'avait attendu dans sa longue robe noire sur la place de la Concorde déserte et déjà chaude d'un début de septembre, les yeux jaunis par les excès de la veille, cachés derrière d'immenses lunettes foncées, mâchant nerveusement un chewing-gum à la menthe pour masquer son souffle aigre.

Une fois sur zone, Henri avait, comme à son habitude, tendu à sa fille une gigantesque carte Michelin, lui indiquant la route à suivre. Elle l'avait chiffonnée et balancée sur la banquette arrière avant de lancer Waze. Il avait grommelé :

« Votre génération ne connaît plus sa géographie. Vous vivez comme des assistés, en bagages accompagnés. Ton téléphone tombe en panne, tu ne sais même pas aller à Orléans.

— Ah ! Si, je sais : c'est l'A10. Je l'ai prise pendant quarante ans pour aller dans le Berry.

— Oui, bon. Et Saint-Étienne ?

— Il faut aller vers Lyon ?

— Enfin bref, tu m'as compris. »

Sur le chemin, Henri lui avait enfin avoué, elle ne savait plus du reste par quels méandres de la discussion ils en étaient arrivés là, que le paternel de Tim et Tito, mort d'une balle de fusil dans la tête, un matin dans le parc du château de Bussy, s'était bel et bien suicidé. Suicidé parce que son père, auquel il avait confié son désir de divorcer, lui avait fait cette réponse sans appel : « Si tu divorces, tu ne remets plus jamais les pieds ici ! » Un secret bien gardé par la meute se dévoilait ainsi, avec cinquante ans de retard, après un arrêt pipi dans une station Total. La voiture demeurait, pour son paternel de 83 ans, le lieu de la psychanalyse et de la confession. Seul l'habitacle du cabinet avait changé et la 504 bordeaux métallisé s'était transformée en une Lexus noire hybride climatisée. Aurore avait ainsi mis le doigt sur l'attachement viscéral de cette génération à la bagnole, unique lieu du dialogue et de l'impudeur.

Tandis que les mots atteignaient leur cible dans le décor exigu et protecteur de l'habitacle, le paysage désolé des abords d'autoroute défilait sous les yeux d'Aurore. Comme dans *Retour vers le futur*, un double mouvement contradictoire s'opérait où l'illusion d'une fuite en avant le disputait aux confidences sur un passé opacifié de zones d'ombre. Le véhicule filant sur l'asphalte les mènerait de toutes façons quelque part… Aurore en avait fait un principe existentiel : pas de révélations dans les embouteillages.

Ils avaient fini par arriver à la messe d'enterrement avec trente-cinq minutes de retard, la moyenne familiale pour ce type d'événements. Après s'être cravaté dans le reflet de son rétroviseur et sapé sur le parking, son père avait fait son entrée à l'intérieur de l'église dans un vacarme de portes qui grincent et de semelles de cuir pointure 47 qui battaient le sol en pierre. Toutes les têtes s'étaient retournées comme on fustige un retardataire au spectacle qui a le toupet de faire se lever une rangée pour gagner son siège. Les habitués avaient eu une moue de résignation : les DP ne changeraient donc jamais. Adèle avait poussé un soupir de soulagement. Depuis la mort du petit blond aux yeux bleus, le moindre retard lui inspirait des scénarios de catastrophes sans lendemains. Les autres avaient haussé les épaules et levé les yeux au ciel, outrés par tant de désinvolture.

Aurore avait toujours entendu qu'elle était issue d'une famille de « gens bien » mais, pour les proches de Tobie, ils n'étaient pas des « gens bien ». Des gens qui arrivent en retard, des gens qui divorcent, des gens qui ne communient pas, des gens tiraillés entre ce qui se fait et l'énorme coup de pied que l'on a envie de flanquer dans cette vie jalonnée de « il faut », « tu dois », « dans nos milieux »... On est toujours le plouc de quelqu'un. Les DP étaient les ploucs des Mirandelle de Mézieux.

Dans la précipitation, Henri et sa fille s'étaient installés du côté de la famille de Tobie. De loin, avec ses lunettes de myope, Aurore observait Arthur, soutenu par ses deux filles désormais âgées de 20 et 23 ans. Derrière le pupitre installé sur l'autel, elles se succédaient pour articuler sans envie psaumes et intentions de prière. Arthur demeurait assis, incapable de s'adresser à l'assemblée. Parcouru de tics et de spasmes, secoué de frissons incontrôlés, il dodelinait de la tête et tremblait. Postée derrière lui tel un cerbère, toute vêtue de noir, sa mère tressautait elle aussi, vacillant au troisième rang, celui de la famille éloignée. Elle ne s'y était pas installée par choix mais par respect des convenances. Ainsi, elle enterrait le père de ses deux enfants, de loin, du bout des lèvres, en retrait et à distance de toute émotion possible.

Aurore disséquait les membres de sa famille, les calvities qui offraient au regard des crânes vulnérables, les dos courbés, les épaules rentrées et affaissées, tous ces corps rapetissés qui nageaient désormais dans des vêtements trop grands, des costumes d'avant, jamais retouchés puisqu'on ne se voit pas vieillir. Ce qui la frappait, c'était le manque de soin apporté aux coiffures, aux cols de chemises et l'odeur de sébum qui la submergerait plus tard lorsqu'elle embrasserait ses proches sur le perron de l'église. Le déclassement tant redouté avait eu lieu. Un monde s'écroulait.

L'« Ave Maria » de Schubert avait retenti dans la paroisse tandis que les gens défilaient à la queue leu leu dans le couloir central de l'église pour aller bénir le cercueil de Tobie, lardé de couronnes de fleurs. Au premier plan sur un ruban, les mots d'Arthur : « À mon papa, avec toute ma tendresse. » Les rangs de devant avaient ouvert le bal et des grappes de convives leur avaient emboîté le pas sur un rythme à la fois martial et résigné. Dans le même mouvement, il fallait s'acquitter de la quête, si bien que les mains, fébriles et déjà coupables d'être venues vides, plongeaient nerveusement dans les poches et les recoins des sacs à la recherche de pièces ou de petites coupures égarées. Le fracas de la monnaie jetée dans les panières en osier disposées sur des chaises par le sacristain contrastait avec le recueillement attendu devant un cénotaphe. Le butin s'avérerait mince dans cette église non loin d'Amiens.

Quand Aurore avait touché le cercueil, une image avait surgi dans son esprit : Arthur, Anatole, Adèle et Aurore, enfants, entassés dans la Jeep Willis décapotée de Tobie qui sillonnait le Cher en quête d'une piscine ou d'un bord de rivière pour se baigner durant les torrides journées d'été. Et son cœur, de mélancolie, s'était serré. Son enfance dans la boue, elle s'y était attachée comme à un trésor de vérité, fondateur de ce qu'elle serait avant de vieillir vraiment. Et si les mauvais souvenirs commençaient déjà à s'effacer pour laisser place à la nostalgie béate du temps jadis, c'était bien maintenant, aujourd'hui, que cela commençait pour elle, vieillir vraiment.

De retour à sa place, Aurore avait détaillé la procession qui continuait sa laborieuse montée vers l'autel, et son cerveau, pour la distraire de sa tristesse, s'était mis à cancaner tout seul.

« Oh ! Il est venu lui. C'est sympa, il n'habite pas à côté en plus. Ouh la la ! Il a pris cher celui-là. Il pèse cent kilos. La fin d'un règne… »

Aurore, elle, portait bien la veillée, ça seyait à son visage de baisser la garde. Une robe longue noire, les cheveux relevés, les yeux peints et rien d'autre. Dès le lendemain, une vieille connaissance d'Arthur aperçue dans l'église la contacterait sur LinkedIn. Sa meilleure panoplie, celle du deuil, avait été fatale. Dans sa famille, on disait toujours que l'on rencontrait son futur époux aux mariages. Avec les années, il fallait s'y résoudre, elle aurait plus de chances de le rencontrer à un enterrement.

Habillé toujours pareil, Lucky de la bande des chiens fous semblait acheter ses vêtements au même endroit depuis cinquante ans ; seule la taille avait changé. Chaussures molles en cuir et semelles de caoutchouc sans aucune allure. Chemises blanches mal coupées à boutons tachetés avec poche sur la poitrine prévue pour un éventuel Bic. Parka beige flasque au style indéfinissable. Son ventre s'était arrondi mais son visage, son air et son petit sourire fourbe étaient toujours les mêmes. Cette façon de vous saluer avec une voix trop mielleuse et trop aiguë pour être honnête, cette façon de vous dire bonjour en pensant : « Je vous emmerde. »

En voyant s'approcher un vieux copain berrichon de Tobie au visage marbré de varices dont la bedaine explosait sous sa chemise bleu pâle, Aurore avait croisé le regard complice de sa sœur Adèle, installée dans la rangée d'en face. Dans leurs têtes, la même interrogation :

« Il n'était pas censé avoir arrêté de picoler, celui-là ? »

Puis, soudainement, du fond de l'église, une marée d'inconnus s'était avancée, intimidée par les regards perçants de la bourgeoisie postée de part et d'autre de la nef. Vêtus simplement mais propres et bien peignés, le teint un peu rougeaud et l'embonpoint moulé dans des polos à manches courtes bariolés, ces hommes évoluaient péniblement vers le cercueil, le visage tordu par la peine, suivis de leurs femmes et de leurs filles aux joues traversées par des ruisseaux de larmes et de rimmel.

La famille qu'il s'était choisie c'étaient ces gens-là, sans particule, auprès desquels il avait dû retrouver la camaraderie sans ambages de sa vie de régiment chez les paras. C'étaient eux ses proches, sa bande du troquet du coin, ses copains de PMU, son boulanger, son garagiste, ses aides-soignantes, ses infirmières qu'il avait dû taquiner à se tordre de rire. Leur place était au premier rang.

La procession terminée, la compagne de Tobie, petite femme blonde et menue au chagrin retenu qui partageait sa vie depuis vingt ans, s'était avancée vers l'autel jusqu'au pupitre trop haut pour elle. D'une articulation d'actrice rompue aux textes les plus âpres, elle avait lu calmement cette prière :

« Et je crois,
Oui, je crois qu'un jour,
Ô mon Dieu,
Je m'avancerai vers Toi,
Avec mes pas titubants,
Avec toutes mes larmes dans mes mains,
Et ce cœur merveilleux que Tu nous as donné,
Ce cœur trop grand pour nous
Puisqu'il est fait pour Toi…

… Un jour je viendrai vers Toi
Et Tu liras sur mon visage
Toute la détresse, tous les combats,
Tous les échecs des chemins de la liberté.
Et Tu verras tout mon péché.

Je viendrai vers Toi,
Et Tu me donneras Ton visage.
Et je Te crierai à pleine voix
Toute la vérité de la vie sur la terre.

Je Te crierai mon cri qui vient du fond des âges :

« Père, j'ai tenté d'être un homme...

Et... je suis Ton enfant ! »

Aurore avait repéré ce texte dans le livret déposé sur les bancs de l'église avec la photo de Tobie en page de garde. Notant la beauté simple de ces lignes, elle avait su dès le début de la cérémonie que, lorsqu'elles seraient lues, son père se tournerait vers elle en murmurant : « Il est beau, ce texte, qu'est-ce que c'est ? », exactement comme il l'avait fait vingt-cinq ans auparavant lorsqu'ils étaient allés voir *Quatre mariages et un enterrement* au cinéma. Lors des funérailles de son petit ami Gareth, le personnage de Matthew y récitait « Funeral Blues » du poète W.H. Auden.

La lecture de la prière du père Leclerc achevée, Henri s'était penché vers Aurore avec ses grands yeux bleus humides et avait chuchoté : « Il est magnifique ce texte. » Elle lui avait tendu son livret ouvert à la bonne page. Il l'avait immédiatement plié et rangé dans la poche intérieure de sa veste.

Aurore avait alors repensé aux mots de sa petite fille.

Un enterrement, c'est un spectacle, un rituel de sortie, toujours le même. Toujours le même mais quelquefois s'y produit un miracle. Un être qui a aimé le défunt prend la parole et fait trembler la corde de la vérité en lisant un texte d'une beauté inouïe. Tobie pouvait partir aimé.

La cérémonie prenait fin et, comme c'est l'usage, quatre croquemorts étaient venus chercher le cercueil et l'avaient placé sur leurs épaules, direction le parvis de l'église. Entouré de ses filles, Arthur avait pris place derrière le catafalque en lévitation, suivi de près par sa mère. Ces deux-là dodelinaient toujours. Devant ce duo de survivants criblés de balles qui enterraient le père après avoir enterré le fils et le frère, l'estomac d'Aurore s'était retourné, sa poitrine s'était soulevée et elle avait reniflé comme un gros bébé de 47 ans. La douleur des funérailles tapait toujours au même endroit, sur ce point encore à vif, là, au cœur d'elle-même.

L'habituel pince-fesse avait eu lieu dans la petite maison de la compagne de Tobie. Cristalline en bouteille, surimis, radis, Banga et rosé sur des tables en plastique.

Tobie souhaitait être inhumé aux côtés de son fils dans le Berry, mais son frère jumeau s'y était opposé et avait décidé qu'il serait enterré dans leur fief à eux, les de Mirandelle de Mézieux.

Tu t'étais égaré dans un autre milieu que le tien mais l'on t'y ramenait de force, exécution, pas de discussion.

Un milieu dans lequel on n'a pas le droit de décider de sa propre sépulture, c'est une tyrannie.

Remerciements :

Mélusine Laura Raynaud pour son nez et son amitié.

Monica Sabolo pour son entrain et sa bienveillance.

Olivier Rubinstein pour sa fidélité.

Clément Braun-Villeneuve pour sa patience.

Isabelle Saporta pour sa confiance.

Jean François Halin pour sa précision d'horloger.

Elise Lallart & Madeleine Maton pour leurs encouragements.

Justine Planchon pour sa lumière.

Arthur et Adèle pour leurs souvenirs.

Composition réalisée par Belle Page

Fayard s'engage pour l'environnement en réduisant l'empreinte carbone de ses livres. Celle de cet exemplaire est de :
0,600 kg éq. CO_2
Rendez-vous sur www.fayard-durable.fr

PAPIER CERTIFIÉ

Dépôt légal : septembre 2024
Achevé d'imprimer en septembre 2024
sur les presses de la Nouvelle Imprimerie Laballery
58500 Clamecy
Pour les éditions Fayard, 13 rue du Montparnasse, 75006 Paris
68-5741-8/02
Numéro d'impression : 408553

Imprimé en France

La Nouvelle Imprimerie Laballery est titulaire de la marque Imprim'Vert®